2017年湖北省高等学校省级教学研究项目（项目编号：2017005）成果

语言活动理论与设计实例

LANGUAGE ACTIVITIES: THEORY AND DESIGN

吉晖 著

WUHAN UNIVERSITY PRESS
武汉大学出版社

图书在版编目(CIP)数据

语言活动理论与设计实例/吉晖著.—武汉：武汉大学出版社，2019.12

ISBN 978-7-307-21268-8

Ⅰ.语…　Ⅱ.吉…　Ⅲ.汉语—对外汉语教学—教学研究　Ⅳ.H195.3

中国版本图书馆 CIP 数据核字(2019)第 240172 号

责任编辑:白绍华　　　责任校对:汪欣怡　　　版式设计:韩闻锦

出版发行：**武汉大学出版社**　（430072　武昌　珞珈山）

（电子邮箱：cbs22@whu.edu.cn　网址：www.wdp.com.cn）

印刷:北京虎彩文化传播有限公司

开本:720×1000　1/16　印张:12.75　字数:227 千字　插页:1

版次:2019 年 12 月第 1 版　　2019 年 12 月第 1 次印刷

ISBN 978-7-307-21268-8　　定价:59.00 元

前　　言

在第二语言教学发展的漫长历程中，语言教育者们一直在追寻最佳的语言教学法，涌现了情景法、听说法、全身反应法、沉默法、社团语言学习法、暗示法、全语言法、多元智能法、神经语言程序法、词汇法、能力导向法、交际法、自然法、合作学习法、内容型教学法、任务型教学法等诸多语言教学流派。教学实践表明，各教学流派理念与方法各异，虽无优劣之分，但没有一种方法可以包打天下。相反，特定的方法适应特定的场景、对象及课程，语言教师因时、因地、因人选择恰当方法才能真正掌握课堂。语言活动是基于一定教学理念指导的、服务于特定语言教学目标的语言交互活动，是第二语言教学过程中不可缺少的一部分。语言活动的设计与实施集中体现了语言教师对语言规律、语言教学与学习规律的认识。

随着信息时代的到来，新兴技术大量涌现，语言教学与学习方式发生了翻天覆地的变化。本书以语言活动为研究对象，结合新兴语言习得理论，探讨信息技术背景下的语言教学新模式和新方法。本书共分为五章，前四章探讨语言活动理论，最后一章展示具体的语言活动设计实例。第一章，利用计量学知识图谱方法对国内外语言活动理论研究现状进行可视化分析，指出新教学模式应用、多模态话语交际、新技术融合是今后语言活动研究的趋向。第二章，探讨语言活动的理论基础，其中包括输入输出理论、社会文化理论、多模态话语理论、认知心理理论等范式。语言习得理念的不同，决定了教师对语言活动属性认识的不同，进而决定了语言教学目标、方法和内容的差异，本书的活动案例正是这些理论的具体应用和实践。第三章，分析语言活动的类型，指出语言活动分类主要基于两大标准：语言属性标准和社会认知活动标准。依据语言属性标准，活动分为：语言要素活动、语言技能活动、语言功能活动等类型。依据社会认知活动标准，活动分为：方式技巧类活动、载体工具类活动等类型。第四章，探讨语言活动设计原则和互动模式，设计原则包括目标明确、任务真实、产出导向、合作互动、游戏机制、技术融合等六大标准，互动模式则包括教师-学生互动、学生-学生互动、学生-母语者互动三种类型。第五章，具体设计了汉语语言活动案例150余例，分为猜谜活动、匹配活动、记忆活动、头脑风暴活动、故事活动、绘图活动、角色活动、接龙活动、动作活动、侦探活动、调查活动、图片活动、表格活动、媒体活动、玩具活动、新技术活动、PPT游戏活动等17种不同类型。

本书主要面向海内外汉语教师、汉语志愿者、汉语国际教育专业的本科生、硕士研究生及对汉语教学感兴趣的社会人士，可用做专业课教材或课堂辅助教学材料。本书也可为英语或小语种作为外语教学的语言老师提供教学参考和活动设计思路。

本书在编写过程中，参考借鉴了国内外研究者著述中的某些活动设计思路，在行文中尽量标明了出处，在此谨致谢忱，如有遗漏，敬请谅解。

由于笔者水平有限，书中难免有疏漏和不当之处，恳望同行专家和读者批评指正。

吉　晖

2019年9月

本书案例使用说明

一、案例编排体例

每个案例由八个部分组成：(1)考察要点部分，确定语言活动的具体目标，主要包括语言技能目标、语言知识目标、学习策略目标等内容①；(2)技能训练部分，确定语言活动适应的技能课程类型；(3)水平部分，确定语言活动适用的学生语言水平；(4)时间部分，确定语言活动实施的大致时长；(5)准备部分，确定语言活动前教师和学生需要做的相应准备；(6)活动过程，展示语言活动具体流程和操作步骤；(7)变化形式部分，展示活动的不同变化形式；(8)技巧及建议部分，为语言教师提供教学参考和建议，分享活动中使用的教学资源。另外，在PPT游戏活动部分还增加了PPT设计说明，主要分析PPT设计的关键技术和设计思路。

二、活动实施建议

1. 告知规则，提前演练活动

活动前，教师应简单明了地介绍活动或游戏规则，确保每位参与者熟知活动流程。鉴于学生语言水平，部分游戏规则解释起来有一定难度，教师可在活动前，通过演练的方式对活动进行示范，帮助学生理解。

2. 明确目标，个性化表达

每个活动都有特定的教学目标。在活动前或活动中，教师应让学生了解为什么要开展这个活动。掌握某种语言规则、了解某种学习策略等活动目标可以规范学生的活动行为，让他们自觉遵守活动规则，提高互动交际效率。教师也要注意活动与普通练习的区别：不同于练习对正确形式的重视，活动更关注用语言项目去完成特定的任务，语言的使用是一种有意义的使用，因此大多数活

① 注：本书案例考察要点部分参照《国际汉语教学通用课程大纲》、《国际汉语能力标准》制定。

动的答案是开放的，应鼓励学习者进行个性化的自由表达。

3. 案例启发，创造性使用

本书的部分案例可以拿来就用，但大部分案例主要为语言教师提供活动设计和实施的思路，具体的活动内容需要个人去填充和设计。语言活动既有共性，更有个性。不同语言教师在实施同一语言活动时，应当结合教学对象、教学内容、教学环境等因素做进一步思考。因此，语言活动不是一成不变的，需要创造性地使用，体现教师个性化教学理念。

三、案例配套资源

本书部分案例的数字资源可扫描封底的二维码下载。书内可供下载配套资源的案例前均标有下载标志。

目　录

第一章　国内外语言活动研究的可视化分析

本书关注的对象是在第二语言教学过程中开展的语言教学活动。传统的教学活动一般指课堂内以教学班为单位的教学活动。随着信息时代的到来，新兴技术大量涌现，先进教学理念持续发展，语言活动逐步突破传统课堂的壁垒，具有更大的时空灵活性。因此，我们所研究的语言活动不再拘泥于传统的课堂教学环境，是指在课内外多重语境下，基于一定教学理念指导的、服务于特定语言教学目标的语言交互活动，既包含一般性的语言实践活动(language activities)，也包含竞争性较强的语言游戏(language games)活动。

语言活动是第二语言教学不可缺少的一部分，语言活动设计与实施是语言教师对语言规律、语言教学与学习规律认识的集中体现。国内外关于语言活动研究的成果十分丰富，本章将借助计量分析软件"Citespace"对国内外相关理论研究进行可视化统计与分析，并在此基础上总结归纳当前已有成果对今后研究的启示。

第一节　国内语言活动研究

一、数据来源及初步分析

本部分考察文献来源于中国知网(CNKI)北大中文核心及CSSCI数据库。鉴于国内研究集中在课堂教学领域，因此笔者将检索主题词限为"课堂活动"+"语言"及"课堂游戏"+"语言"，检索文献类型为期刊论文，检索年限不限，数据清洗后共得到相关成果408篇。文献年度分布状况如图1-1所示。

图1-1显示，国内语言活动研究始于1992年；1992—2001年，相关研究处于缓慢发展期，年均发文量为5篇；2002—2009年，语言活动研究开始快速发展，2009年发文量达到峰值43篇；2010—2018年，相关研究处于回落期，2018年降到最低点，这表明近年来国内学界缺少对语言活动理论研究的关注。

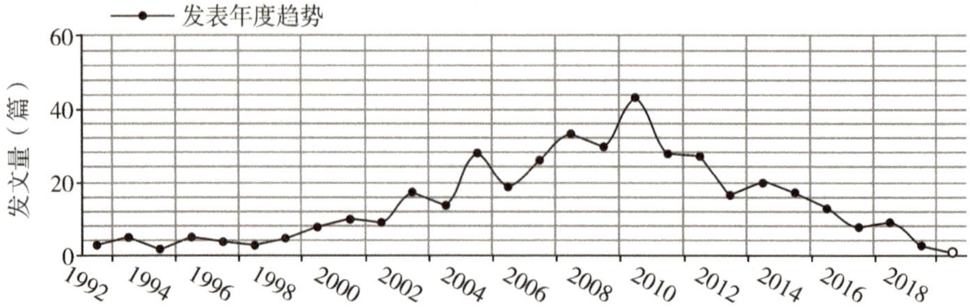

图 1-1　国内文献年度分布

二、研究热点探测

科学计量学理论认为，关键词是作者对文章核心研究内容的提炼，学科领域里高频出现的关键词和从数据样本中提取分析出的名词短语可被视为该领域的研究热点(赵蓉英等，2010)。我们利用 Citespace 软件，采用关键词共现分析方法来探测分析语言活动研究领域的热点。

我们对 Citespace 进行如下参数设置：时间跨度为 1992—2019，时间切片为 1 年，节点选择"Keyword"和"Term"，Link Strength 选择 Cosine 算法，节点阈值选择 Top50，网络剪裁选择 Minimum Spanning Tree 和 Pruning the merged network。运行后，得到语言活动研究关键词共现网络图和关键词表(表 1-1)。关键词表对前 20 位热点关键词的词频及中心性进行了统计。其中，关键词的中心性越大，其研究的吸附力也越大，在连接其他节点的过程中发挥更重要的作用。

表 1-1　**国内热点探测前 20 位关键词**

序号	频次	中心性	关键词	序号	频次	中心性	关键词
1	27	0. 14	课堂教学	7	8	0. 00	教学模式
2	22	0. 09	英语教学	8	8	0. 05	交际能力
3	17	0. 16	大学英语	9	6	0. 14	教师话语
4	11	0. 14	英语	10	5	0. 00	任务型教学
5	11	0. 05	外语教学	11	5	0. 14	以学生为中心
6	9	0. 02	自主学习	12	4	0. 00	翻转课堂

续表

序号	频次	中心性	关键词	序号	频次	中心性	关键词
13	4	0.00	学习策略	17	3	0.00	交际法
14	4	0.02	交际活动	18	3	0.00	个性心理特征
15	3	0.00	语言习得	19	2	0.00	运用
16	3	0.06	兴趣	20	2	0.00	课堂观察

通过对关键词共现网络图及关键词列表的分析，我们可以发现当前国内研究的聚焦：首先是研究客体对象热点，从“英语教学”“大学英语”“英语”等关键词可以看出，学界目前主要关注英语作为第二语言教学的课堂活动研究，而面向汉语及其他语种作为外语教学的语言活动研究成果相对较少；其次是教学模式热点，语言活动的设计离不开语言理论及方法的指导，语言活动的开展也一定是在特定的教学模式与框架内进行的。数据显示，当前“任务型教学”“翻转课堂”“交际法”等教学模式融入语言活动设计，强调以学生为中心，并以提升学习者的交际能力、语言运用能力作为最终目标。此外，研究者对学习者的个体特征也十分关注，“个体心理特征”“兴趣”等因素对语言活动设计至关重要。

三、研究领域聚类

热点探测解决的是研究中“点”的问题，聚类分析则解决研究中“面”的问题。Citespace 可以对关键词网络及引文网络进行聚类分析，通过图谱解读，我们可以探寻当前研究分布的主要领域。

此次分析的 Citespace 参数设置如下：节点类型选择“Keyword”，图谱生成后，聚类标签词选择从关键词(key words)提取，提取方法采用对数似然率(log-likelihood rate)算法。最终，我们得到了共词聚类网络图。聚类网络图数据显示，聚类模块性(modularity)Q 值为 0.5157，大于 0.3，聚类效果良好(李杰等，2016)，轮廓值在 0.5 以上的合理聚类有 7 个。结合图谱分析和二次文本深度阅读，去除掉同质性的聚类，我们对当前聚类进行了整合与重命名。当前国内语言活动研究主要分布在理论基础、师生角色、语言活动的有效性、语言活动设计与组织原则、互动模式等五个领域，详述如下。

(一)语言活动的理论基础

大多数研究者均引入国外二语习得研究的理论假设，如：Krashen(1985)

的“输入假设”(input hypothesis)、Long(1983)的“交互假设”(interaction hypothesis)、Swain(1995)的输出假设(output hypothesis)以及Vygotsky(1978)的社会文化理论(sociocultural theory)作为语言活动研究的理论基础。结合国内外语教学实际，探讨具有普遍指导意义的教学范式研究却并不多见。束定芳(2006)结合英语教学提出了外语教学新模式，他认为语言学习是课堂学习与课外学习的结合，仅仅依靠课堂学习无法真正提高外语能力，课外学习能够促进课堂学习，而课外学习的最佳方法是自主学习与真实语境交际相结合。姜丽萍(2013)则结合国内汉语教学提出了“任务—活动”型教学模式，她认为课堂活动的核心是引导学生用目的语完成各种交际任务，通过听、说、读、写等活动，把语言知识和语言技能融为一体，在完成任务的过程中培养学生的语言综合运用能力。不同的教学模式与教学理念，对教师课堂教学产生不同影响，是所有语言活动设计与实施的起点。

(二)语言活动中的师生角色

区别于传统课堂，大多数研究者均认为语言活动应以学生为中心，学生通过自主探索与合作交流来建构语言知识(姜丽萍 2013，王绍钦 2000)。教师从课堂主导向引导、评估、反馈、观察监控、构建社交网络等角色转变。教师角色的转变并不意味着教师作用或地位的降低。研究者认为，教师话语是学生语言输入的重要来源，教师话语的数量和质量对语言活动的成败具有重要意义(周星等，2002)。教师话语可以引导学生积极参与各种交际活动，为学习者创造交流信息、表达思想的环境和机会，使他们通过交际和意义协商促进语言习得。研究教师话语有助于了解语言活动的真实情况，进而改进课堂活动方法。因此，课堂教师话语研究(teacher talk)引起越来越多的关注(李华，2007)。

(三)语言活动的互动模式

互动是语言活动的主要形式，体现了第二语言课堂教学的本质特点，对第二语言能力的发展起关键作用。因此，互动模式一直是语言活动研究的焦点。研究者们关注的互动模式主要包括师生互动及生生互动两大类型。其中，师生互动包括：师个互动，即教师与学生个体的师生互动；师班互动，即教师与全班学生群体的师生互动；师组互动，即教师与学生小组的互动，是教师针对学生小组群体而进行的讲解、辅导、评价等(徐飞 2005，吴康宁 1998)。师生互动过程中，教师有效运用提问、示范、意义协商、反馈等互动策略，可以显著提高互动的数量和质量(祖晓梅，2009)。生生互动则包括：个个互动，即学生个人与个人之间的互动；个组互动，即学生个人与小组之间的互动；个班互动，学生个人与全班之间的互动；组组互动，学生小组与小组之间的互动；组班互动，学生小组与全班之间的互动等(董明，2004)。不同结对分组模式的语言活动效果存在较大差异，因此研究者们也开始关注不同互动模式对学生参与课堂互动的积极性及活动效果的影响。徐锦芬(2012)发现，在教师指定结对的固定组、学生自由结对的固定组、随堂就近结对的非固定组三种不同结对模式下，学生自由结对固定模式最利于提高学生语言输出的数量和质量。

(四)语言活动设计原则

语言活动设计与组织是语言活动的核心，是特定教学理念的具化与应用，是内容与形式的创造性结合。当前国内关于语言活动设计原则的论述可以归纳为以下几点：第一是目的性原则，语言活动应着力培养学生的交际能力，满足最佳语言输入的要求(武惠华，2002)，促进师生、生生之间的交流、交往和互动，在活动中发展学生的目的语(姜丽萍，2013)。第二是趣味实用原则，语言活动的设计要新颖，贴近学生生活实际，符合学生兴趣和需求，能有效活跃课堂气氛(崔永华 2008，姜丽萍 2013)。第三是针对性原则，活动设计要充分考虑教学目标、学生年龄、学生人数、学生水平、课程体系、教师性格与教学风格等因素(王巍，2012)。第四是拓展性原则，学习外语需要课堂内外的努力，仅靠课堂教学无法保证学生学习外语所需要的质和量，因此语言活动应具有延展性，教师应把课上内容延伸到课堂之外(束定芳，2006)。

(五)语言活动的有效性

语言活动是一种特殊的社会活动，教师、学生、社会文化环境相互作用，最终目标是帮助学生建构目的语语言知识和语言交际能力。能力目标的实现是验证语言活动有效性的重要标准。李战子(1996)通过分析小组讨论、对子讨论、采访、独白等口语活动语料，发现当前英语课堂口语活动在话轮转接、反馈性、连贯性等方面均存在较大缺陷，活动设计只有确保会话相互性、增加会话反馈、提高局部连贯才能真正发挥促进作用。考察语言活动有效性的视角分为两种：教师视角和学生视角。仅从教师视角去考察语言活动的有效性是不够的，学生对于活动有效性的评价更直接、更有说服力。丁安琪(2007)通过调查日本学生发现，自由型活动有效性最高，控制型活动次之，输入型活动有效性最低。具体而言：在课堂上做口头报告、语法练习、朗读课文有效性最高，抄写课堂笔记、写故事、背诵对话或课文有效性最低。这一调查结果与教师视角所认为的语言活动有效性存在很大差距。此外，不同语言活动会给学生带来不同程度的语言焦虑，影响学习效果的最优化。章远荣(2002)发现，在诸多课堂活动中，一对一的对语练习与小组讨论产生的语言焦虑最小，课堂发言与演讲最容易引发学生课堂焦虑，角色扮演也是导致高焦虑的课堂活动之一，辩论所产生的焦虑较小，学生参与积极性很高。可见，创造低焦虑的课堂氛围，是提高课堂活动效率的有效策略。

第二节　国外语言活动研究

一、数据来源及初步分析

本节考察文献来源于 Web of Science 核心合集数据库，检索主题词限为“classroom activities”+“language”及“classroom games”+“language”，检索文献类型为 Article、Proceedings paper、Review，检索领域限为“Linguistics”及“Language Linguistics”，检索年限不限，共得到相关成果 894 篇，文献年度分布状况如图 1-2 所示。

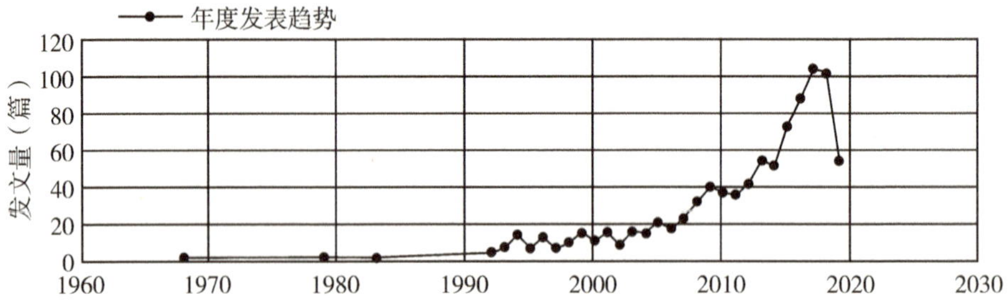

图 1-2　国外文献年度分布

图 1-2 数据显示，国外语言活动研究始于 1968 年；1992-2006 年，相关研究处于缓慢发展期，年均发文量为 12 篇；2006—2018 年，语言活动研究进入快速发展期，2017 年发文量达到峰值 103 篇。从年度发文趋势来看，国外学界对语言活动理论研究的关注度持续升高，这与国内研究形成鲜明对比。此外，来源出版物数据显示，Foreign Language Annals、Canadian Modern Language Review、、TESOL Quarterly、Modern Language Journal、System、Language Teaching Research 等刊物对语言活动的研究最为关注；作者数据显示，语言活动研究领域最活跃的作者有：Spada N、Storch N、Lyster R、Mcdonough K、Cekaite A、Dooly M 等。

二、研究热点探测

Citespace 参数设置如下：时间跨度为 1968—2019，时间切片为 1 年，节点选择“Keyword”和“Term”，Link Strength 选择 Cosine 算法，节点阈值选择 Top50，网络剪裁选择 Minimum Spanning Tree 和 Pruning the merged network。运行后，得到语言活动研究关键词共现网络图和关键词表(表 1-2)。关键词表对前 20 位热点关键词的词频及中心性进行了统计。

关键词共现网络图及关键词列表显示，当前国外语言活动研究主要聚焦在如下热点：首先是研究客体对象热点，国外研究者主要关注“English”(英语)、“Spanish”(西班牙语)作为第二语言的课堂活动教学。与国内外语教学不同，国外外语教学语种更为丰富、多样化。其次是研究主体对象热点，“student”(学生)是语言活动的中心，研究者十分关注“learner”(学习者)的“motivation”(动机)、“identity”(身份背景)等个体特征。同时，研究者们也关注“teacher”(教师)在语言活动中发挥的“instruction”(指导)、“feedback”(反馈)、“negotiation”(协商)、“organization”(组织)作用。此外，随着技术的发展与融入，“multimodality”多模态话语及交际能力也成为“classroom interaction”(课堂互动)研究的热点。

表 1-2　　**国外热点探测前 20 位关键词**

序号	频次	中心性	关键词	序号	频次	中心性	关键词
1	58	0. 12	student	11	21	0. 01	teacher
2	58	0. 05	English	12	21	0. 08	negotiation
3	58	0. 05	learner	13	21	0. 01	motivation
4	45	0. 08	acquisition	14	20	0. 07	literacy
5	44	0. 13	2nd language	15	20	0. 06	conversation analysis
6	40	0. 12	instruction	16	19	0. 09	identity
7	40	0. 12	discourse	17	18	0. 04	organization
8	28	0. 26	Spanish	18	15	0. 17	task
9	24	0. 07	conversation	19	14	0. 04	multimodality
10	22	0. 03	feedback	20	13	0. 01	classroom interaction

三、研究领域聚类

聚类分析参数设置如下：节点类型选择“Keyword”，图谱生成后，聚类标签词选择从关键词(key words)提取，提取方法采用对数似然率(log-likelihood rate)算法。聚类网络图数据显示，聚类模块性(modularity)Q 值为 0.4768，大于 0.3，聚类效果良好，轮廓值在 0.5 以上的合理聚类有 9 个。结合图谱分析和二次文本深度阅读，我们对当前聚类进行了整合与重命名，当前国外语言活动研究主要分布在教学新模式、技术融入、互动模式、评估反馈、多模态话语、跨文化交际能力等领域，详述如下。

(一)教学新模式与语言活动研究

国外语言活动研究关注教学新模式的实践应用及成效，其中包括：

1. 形式导向教学模式(form-focused instruction)。在以形式为中心的语言活动中，学习者以语法为工具来确立他们二语学习者的身份，通过展示语法困难和讨论语法问题来获取语言互动资源。形式导向教学模式的作用表现为，学习者的二语话语意识增强，二语交际投入更多，更容易注意到语言差异，通过更多的反馈修正提高自己的话语(Yasuyo，2013)。

2. 主动学习模式(active learning)。几十年来，课堂教学逐渐从知识传授转向知识建构。前者主要是把知识传授给学生，后者积极地让学生建构陈述性知识并将其转化为程序性知识(技能)。主动学习包括多种形式，如引导学习、自主学习和合作学习等。主动学习中的解决问题式练习、非正式小组、模拟案例研究、角色扮演等活动都要求学生主动运用他们所学到的语言知识。Helen(2015)发现，在第二语言课堂上，接受引导和自主学习的学生主动性、自信心更强，他们对元认知、情感和社会策略使用的积极性更高，这些因素与他们语言能力的提高呈正相关关系。

3. 社区服务学习模式(community service-learning)。在校内外各种不同的社区中运用所学目的语是外语学习的重要目标之一。Kelly(2017)发现，通过社区服务学习，西班牙传承语学习者对其传统语言和文化的态度发生了巨大改变。社区服务学习可以提升学习者的语言技能和文化意识，使其对目标语言和文化持更积极的态度。社区服务学习也促进了课外学习实践，改变了传统的语言学习社区，是一种非常有价值的教学方法。

4. 建模式教学理念(use of models)。在这一教学理念指导下，教师为学习者提供一系列语言模型范例，强调教师显性教学及社会互动的重要性和价值。Rosemary(2014)在其学术英语写作课程中尝试了这一方法，他为每种体裁或文本类型提供一系列范例，与班级一起讨论，领导全班合作共同构建文本，或利用合作对小组进行创作编辑活动，最终帮助学生成为严谨的学术文本写作者。

(二)技术融入语言活动研究

技术的发展一直影响着语言教学的变革。技术已从最初的课程辅助工具，发展成为语言内容的核心来源和真实语言活动体验的重要渠道。

在线互动交流为语言学习者提供了许多机会，使他们能够在社会语境下使用目标语进行意义和形式协商。Lina(2002)探讨了同步电子聊天与任务型教学结合以提高学习者沟通能力的学习模式。研究发现，计算机辅助的在线交流对结构的控制较少且更为开放，而任务型教学关注与现实生活主题相关的双向信息交流，学习者从基于任务的在线活动中受益，他们利用不同的语言技能来共同构建和协商意义。Lara(2012)探讨了推特(Twitter)在中级法语课中的作用。在这门课上，学生们每周互发推特，并与以法语为母语的人交流。数据显示，推特帮助美国和法国的语言学习者建立了交流协作社区，在社区中他们互相学习、分享和反思。推特提供了大量课外创造性语言练习的机会，极大促进了学习者的学习积极性和学习效果。Wong(2019)也发现，在 Youtube 等协作性社交网络及社交媒体空间的辅助下，课外说唱比赛活动有效促进了课内读写活动的发展，学生学习积极性及有效学习投入明显提高。

Joshua(2017)发现，电子批注工具(eComma)可以创设一个开放的学习环境，学习者利用它可以协作、社交化地阅读文学文本，共同构建意义并支撑他们的学习。在这里，eComma 是一个开放的教育资源，允许学习者对文本进行注释并发表评论，其他人可以在虚拟空间中集体阅读。这种借助社交媒体网络、协作注释工具来分享自己对文本的想法的阅读方式称为数字化社交阅读。与独立阅读不同，社交阅读可实现同步或异步交流，该交流还可以跨越不同的数字文本。

电子游戏具有强大的学习机制，学习者在虚构的世界中发展对复杂概念和现象理解的能力，尝试新的身份，获得有意义的新体验。游戏带领学习者进入虚拟的社会实践，让他们接触到具有特定知识、价值观、技能和思维方式的新社区。在游戏过程中，学习者利用游戏角色产生的语言元素，通过词汇和韵律的重复协作建立对游戏事件的理解和体验(Arja，2009)。Castaneda(2019)研究发现，学生在使用以语法为重点的移动应用程序参与游戏类活动后，内在目标定向、学习信念和学习自我效能均有显著提高，学生学习外语的兴趣也有所增强。

Greg(2018)指出，社交媒体、人工智能、大数据等新兴技术正逐步融入我们的日常生活，以技术为介引的社会交互给语言学习带来了新的机遇，未来语言活动将具有合作化、媒体融合、自动化、智能化等特征。

技术的应用也有一定弊端。Li(2019)研究发现，技术在促进课堂话语交际方面起消极的作用，使用技术的教师在课堂上采用更多的展示性提问和指示，但并未促进学生用目标语言进行自发或真实的输出。同时，使用技术的教师提供的纠正性反馈很少。Lina(2002)也发现，网络空间中的快速互动阻碍了学生产生正确连贯的话语，学生应在教师指导下重新审视和修正他们的交流。

(三)语言活动中的互动模式研究

语言学习研究的最新进展表明，我们是在互动中学习的（Pekarek，2010）。国外语言活动研究中的互动模式可归纳为以下几类：

首先是集体脚手架模式。Swain(1998)指出，协作学习活动，如结对学习和小组学习，提供了输出、纠正性反馈和集体脚手架的机会，有助于第二语言学习。Donato(1994)注意到，协作学习过程中，学习者能够根据现有的第二语言知识，集中他们的语言资源，共同创造新知识，集体脚手架帮助学习者在现有知识之外的水平上进行学习。Storch(2002)研究发现，共同承担任务、责任的协作互动模式和专家-新手模式最有可能提供有意义的帮助，但双方都主导互动或一方主导另一方保持被动的二人组活动往往达不到较好的学习效果。Ana(2013)发现学习者对合作写作体验持高度积极评价。结对写作学习者认为合作写作提供了更多参与机会，分组写作学习者觉得可分享更多的想法和知识，有更多的语言发展的可能性，合作写作对文本语法和词汇的准确性均产生积极影响。

其次是嵌入式互动模式。创建基于意义和流利度的交际语境，增加教师的等待时间，减少教师干扰，选择性修复等举措，可以帮助学习者自然地使用第二语言进行思考和说话(Seedhouse，2004)。在这一模式下，第二语言中意义的形成和协商优先于语言的结构和形式，课堂活动侧重于意义的建构和学生的参与，学生给出的任何答案都是可以接受的。教师只需要通过嵌入式纠正、嵌入式修复和嵌入式解释等方法便可成功地管理学习者的主动性和知识缺口，为语言学习创造机会(Olcay，2017)。

再次是新媒体互动模式。Maki(2013)探讨了学习者与世界各地母语者进行异步视频交流的语言互动实践。异步视频交流允许学习者重放、反思母语者完整的口语表达，关注语言表现的不同层面，为学习者提供排练和自我评价的机会，促进演讲技能的发展，这种交流模式被证明可以产生更好的二语流利性和复杂性。Leppanen(2013)以芬兰真人秀节目为背景，考察了节目参与者通过社会互动开展英语学习的过程。参与者使用重复、模仿、重建新词、要求确认、澄清等互动练习来处理对话或物理环境中不熟悉的英语单词，积极寻找和处理语言信息。当前，媒体和流行文化在社会语言互动中扮演了越来越重要的角色。

(四)语言活动中的评价、反馈研究

评价与反馈是语言互动的重要形式，是促进语言能力发展的有力保障。根据评价主体的不同，评价反馈分为两种类型：首先是教师的评价与反馈。教师话语是学习者语言输入的主要来源，教师的评价反馈对学习者语言能力发展有重要影响。Xiao(2019)实验研究发现，课堂的形成性评价及教师反馈有助于学习者更深层次的语言理解能力、自我调节能力的发展；其次是学生的评价反馈。David(2016)发现，写作课堂上的同伴反馈是一种行之有效的互动学习方式。同伴反馈效果取决于第一语言或第二语言的使用、组员的语言水平、学习者的动机、组员文化背景等因素。自我评价则是学生评价的特殊类型，自我评估中学生讲述他们学到了什么、喜欢什么、不喜欢什么，并给出他们的评论。学生利用自我评估展示和反思自己的学习；教师将学生的自我评估与教学结合起来，思考自己教学的有效性和目标(Klein，2007)。

(五)多模态话语与语言活动研究

多模态是一种普遍存在的语言现象，多模态话语交际能力是语言学习者必须具备的一项重要技能，多模态话语在互动教学中起至关重要的作用。Morell(2018)通过分析教师的站位、注视方向、手势、口语、书面语等多模态话语特征，发现各种模态在创造和启发意义方面均发挥了重要作用，多模态话语交际可以促进第二语言课堂互动效果。二语课堂中的多模态话语实践可以促进学生更大程度地参与、自由交流、协作及意义协商(Ajayi，2012)。ALI(2018)则发现，多模态的交际资源，如谈话、手势、身体动作、黑板上的解析及标注性符号，都可将语法对象变得具体、可理解和可学习。具体的多模态手段在展示语法结构、语法知识、为学生提供纠正性反馈等方面都发挥了关键作用。

(六)跨文化交际能力与语言活动研究

语言学家和语言教师长期以来一直认为跨文化能力和语用意识是语言教学的组成部分。文化内容体现一个国家的民族精神、价值观及思维方式，而不仅限于当地的美食、节日和传统习俗。Kerry(2015)利用真实的语料数据，帮助学习者认识法语互动风格，鼓励讨论其背后的文化价值观，并最终提高其语用意识、跨文化互动能力。Berho(2005)则探讨了艺术在第二语言课堂中的作用。

具体活动包括展示目标语文化中的艺术以及学生创作原创艺术，两种艺术活动均与学习者的语言技能训练结合，其中包括激活背景知识、阅读活动、听力活动、口语活动、写作活动、评论活动等。艺术欣赏、创作与语言学习结合，积极地改变了课堂气氛，激发了学生的好奇心，降低了学生对目标语的情感过滤。同时，学生接触的重要文化和历史信息比单纯的阅读或听讲座更为丰富。艺术在外语课堂中的运用具有良好的教育学意义。

第三节　启示与展望

对比国内外语言活动研究现状，它们在研究热点、研究领域方面既有重合交叉，也有差异和差距。国内研究具有自己的显著特色，但起步较晚，整体研究成果尚不及国外丰富。国外理论研究的相关成果对国内研究有较大启发，我们今后的研究可以做以下尝试：

第一，重视新教学模式应用研究。信息技术时代，学习语境、学习对象、学习工具、学习目的都发生了翻天覆地的变化。传统的教学模式已无法适应当前丰富多样的学习需求。探索语言教学的新模式，将语言活动设计与新模式结合，符合时代的发展需要。与此同时，结合科学的实验研究方法，检验新模式应用于课堂活动的实效，避免主观判断、经验推导的弊端，也成为研究者的重要工作。

第二，重视多模态话语的教学应用研究。信息时代的交流是一种多模态的交流。多模态话语具有补缺信息、强化信息、增加理解等多重功能，可以帮助学习者建立多通道的信息理解与表达机会，多模态话语在语言教学中发挥出越来越重要的作用。

第三，重视新技术应用研究。新兴技术在语言学习中发挥的作用越来越显著。未来语言活动必然会与各类技术紧密相连。因此，哪些技术可以应用？这些技术如何应用？技术应用的成效如何？这些思考可以推动语言活动设计研究的深入发展。

在未来，除了理论的创新研究外，我们还应重视案例的创新设计。案例是可直接应用于实际教学的已成型的语言活动实例。当前，国内的第二语言课堂活动案例设计成果多以专著的形式存在，如余国良、范海祥(2016)，王牧群(2004)，姜丽萍、李俊芬(2014)，丁安琪(2012，2014，2015)，王巍、孙淇(2011)，周健(2009)，周彦卓、舒一兵(2010)等。这些具体的案例设计极大丰富了语言活动应用研究成果，成为很多一线教师开展活动教学的有力助手。

但当前的案例研究也存在一定缺陷，如活动类型较单一，大多以语言要素活动(语音活动、词汇活动、语法活动)为主；活动语境局限，大多以课堂活动为主，极少延伸至课外等。活动案例的创新设计主要体现在设计视角的创新和设计内容的深入两个方面。从视角创新上看，我们可以尝试设计图片活动(Ben，2008)、视频活动(Jane，2010)、黑板活动(Jeannine，2001)等活动类型；从内容深度上看，我们可以尝试专题化语法活动(Penny，2009)、词汇活动(Ruth，1986)、会话活动(Penny，2012)等的设计研究。

第二章　语言活动的理论基础及应用

语言教学历史悠久，至20世纪中叶，逐渐形成独立的学科体系，走上科学化、理论化发展的道路。在第二语言教学发展的漫长历程中，诸多语言教育者一直在追寻最佳的语言教学法，涌现了情景法、听说法、全身反应法、沉默法、社团语言学习法、暗示法、全语言法、多元智能法、神经语言程序法、词汇法、能力导向法、交际法、自然法、合作学习法、内容型教学法、任务型教学法等诸多语言教学流派(Richards，2008)。教学实践表明，各教学流派理念与方法各异，虽无优劣之分，但没有一种方法可以包打天下。相反，特定的方法适应特定的场景、对象及课程，语言教师因时、因地、因人选择恰当方法才能真正把握课堂。随着后方法时代的到来，教学理念继续发展并不断融合，一些原则逐渐成为语言教学领域的共识：学生交际机会最大化，培养语言意识，促进协商互动，实现语境化语言输入，整合语言技能，关联社会生活，增进文化意识等(库玛，2013)。教学理念决定教师对课程、对象的认识，影响教师选择合适的教学方法。本章所涉及的输入输出理论、社会文化理论、多模态话语理论、认知心理理论是本书案例设计的理论基础，正是因为这些理论的启迪与指引，我们开始重新思考第二语言教学核心环节语言活动的设计与实施。

第一节　输入、输出理论及应用

一、输入、输出假说

语言习得过程是一个从语言输入到语言输出的过程，输入是基础和准备，输出是目的和实现，二者互为补充，密不可分。Krashen(1985)的“输入假设”(input hypothesis)认为，语言的获得建立在理解的基础上，学习者通过吸收可理解的输入信息获取语言知识。理想的输入是可理解的、数量足够的、与学习者密切相关的有趣的输入。首先，可理解的输入是指输入的内容适合学习者现有语言水平，其难度略高于学习者现有的语言知识，即“i+1”理论。其次，输入要有足够的数量，让学习者有尽可能多的机会注意、理解并内化语言信息。此外，有趣且有关联的语言输入更能激发学习者的学习兴趣和学习动力。

Swain(1985)指出，可理解的输入固然重要，但学习者还必须通过有意义的语言输出才能使目标语的语法准确性达到本族语者的水平。“输出假设”(output hypothesis)认为，语言输出具有以下功能：首先是注意触发功能。语言输出活动能刺激人们对表达方式的注意，促使学习者认识到自身存在的语言困难或问题，提高对知识空缺的意识，进而激活认知过程；其次是检验假设功能。语言输出过程中，学习者不断对语言形式建立假设，并对之进行验证、比较、修正，使个人语言使用趋于目的语；第三是元语言功能。在语言输出过程中，学习者会对语言的形式进行反思、分析，参与句法认知处理，体会语言结构的特征，把握形式、规则与意义之间的关系(Swain 1995，赵小沛 2003)。

二、实践应用

语言的成功习得离不开语言输入和语言输出。基于输入、输出理论的语言活动实践具有以下功能：提供立体的语言输入，保障充分的语言输出，将语言输入和语言输出有机地融合在一起。

1. 提供立体的语言输入

语言活动提供的语言输入既有内容的立体性也有形式的多维性。案例“目击证人”活动中，教师充当目击证人，描述罪犯的外貌：“他是一个个子很高的男人，很强壮，黑色的头发，头发很短，穿蓝色的衣服，黑色的裤子，手里拿着一个包和一把工具。”从输入内容上看，所使用的词语及相关句型符合学习者当前语言水平，具有可理解性；活动通过场景预设，帮助学生借助个人的世界知识想象并填充故事发生的真实情境；侦探式故事情节设计具有趣味性，也与学习者日常生活紧密关联。从输入形式上看，除了听觉信息输入(罪犯特征描述)，教师还提供了视觉信息输入(罪犯画像)，多维信息输入可以帮助学习者更好地理解语言信息，处理、存储更丰富的语言知识。

2. 保障充分的语言输出

语言活动中充分的语言输出有赖于学习者交际机会的最大化。课堂活动中，教师采用过程性提问促进课堂协商式互动，为学习者创造更多学习机会。案例“最值得去的中国城市”中，要求学生写出自己认为最值得去的中国城市，并说出选择的原因及自己对这些城市的评价。尽管活动中也包含选择性和结果性的问题，但活动侧重考察学习者表达个人观点和解释原因的能力。语言活动与传统课堂练习的差别之一就在于，活动所要求的并不是标准答案或固定答案，更多的是创造机会让学生运用已有的语言知识进行自由的个性化的表达。课外活动中，学习者融入校园社区、本地社区及全球化社区，进一步拓展学习机会。案例“校园调查”中，学习者自行设计调查问卷，在校园内进行调查采访，记录采访结果，录制采访视频，深入了解某个特定的社会话题；校园调查任务也可以拓展到所在社区，交际任务更复杂，交流对象更丰富，互动机会也越多；通过网络社区、社交媒体等信息平台，学习者还可以与世界各地的母语者进行交流，在交流中不断反思、修正、提升个人语言并逐步接近目的语。

第二节　社会文化理论及应用

一、社会文化理论

社会文化理论（sociocultural theory）关注在社会语境下的语言使用。Vygotsky（1978）认为，人类低级认知功能向高级认知功能的发展是通过人与社会环境及其他社会文化符号的互动调节实现的。社会文化理论强调社会活动实践，提出了临近发展区（zone of proximal development）的观点：个体实际发展水平和潜在发展水平之间存在差距，提升个体潜在发展水平，需要个体在成人、专家或能力更强的同伴的帮助下实现（姜孟，2012）。因此，在语言学习过程中，促进个体语言自我调节能力，需要搭建活动“支架”，实现“成人—儿童”“专家—新手”“同伴—同伴”之间的互动。社会文化理论还强调情景学习的必要性，语言学习者应该是某个社群的积极参与者，学习的过程是获取社群资源的过程，也是个体融入具体社会文化的过程，学习者被社群中其他人接受的途径和方式十分重要（秦丽莉等，2013）。

二、实践应用

语言的发展是通过个体间的社会互动实现的。基于社会文化理念的语言活动，可打破固有课堂空间的局限，利用真实的社会文化语境，为学习者搭建语言发展脚手架，在合作中发展真实的语言交际能力。案例“博物馆活动”中，学习者进入真实的艺术博物馆开展语言活动，博物馆的所有环境因素（陈设、展品、导览信息、参观者、工作人员等）都成为学习者语言信息的来源。学习者的任务是找到任务单上所列的插画作品。为保障任务的顺利完成，他们可以依托三种语言支架：首先是教师支架，教师提供的任务清单对画面内容作了具体的描绘；其次是同伴支架，在清单阅读困难或难以匹配图文信息的时候，语言水平较高的同学可以给同组其他同学提供适当帮助；再次是母语者支架，学习者也可以通过与博物馆工作人员或其他参观者交流咨询的方式，提高任务的完成效率。“博物馆活动”在真实的社会文化语境下开展，学习者除了通过合作学习发展自身语言能力外，还通过与社区环境的交流互动实现文化的深度融合。

第三节 多模态话语理论及应用

一、多模态话语理论

多模态话语指运用听觉、视觉、触觉等多种感觉，通过语言、图像、声音、动作等多种手段和符号资源进行交际的现象（张德禄，2009）。在具体的社会情境中，人们总是运用多种多样的符号资源完成意义建构（朱永生，2007）。自然状态下发生的话语活动往往具有多模态性。多模态话语具有以下功能：补缺功能，即当一种模态不足以表达意义或不能使听话者理解意义时，可使用另一种模态来补充剩余的意义；强化功能，即用一种模态表达整体意义，用另一种模态来突出部分意义；吸引注意力功能，即用一种模态表达基本的意义，另一种模态用更加具体和形象的媒体来重现这种意义；抒发情感功能，即用一种模态来表达基本的概念意义，用另一种模态来表达人际意义（态度、情感、目的等）；增进理解功能，即用一种模态表达比较抽象、概括、偏僻的概念或结论，用另一种模态来提供其实例、说明、关系等使理解更加容易（张德禄，2009）。随着信息技术的飞速发展，多模态话语在语言教学中发挥出越来越重要的作用。

二、实践应用

在语言活动中应用多模态话语，可以为学习者创设真实交际场景，提供多通道话语理解、表达机会。

1. 创设真实交际场景

在课堂语境下，教师可利用语言、技术、图像、颜色、音乐等符号系统作为交流渠道和媒介，为学习者创建接近真实的交际场景。案例“城市地图”中，活动提供的交通地图为学习者还原了真实的街道地理环境；案例“比比看，一样吗”，综合利用了图片、颜色、文字、形状等多模态信息，真实再现了事物特征；案例“AR 博物馆”利用增强现实技术展示了数字化的三维文物实景。

2. 提供多通道话语理解表达机会

在语言活动中，合理运用多模态话语通道，把握各模态形式的表意特点，可以帮助学习者达到最佳的交际效果。案例“有趣的古文字动物园”利用动物的声音，强化学生对古文字字形字义的认知；案例“词语云”利用字体大小、颜色、距离、数字等符号信息，帮助学习者理解文章主题、语篇结构、词义关联等内容；案例“主题思维导图”中，学生利用绘制思维导图的方式形象展示他们对词语的语义特征、搭配关系、句法功能匹配的看法。可见，利用多模态话语，活动中的学习者拥有更多通道去理解、接受新信息。同时，活动也帮助学习者发展个人的多模态话语交际能力，实现更好的交流表达。

第四节　认知心理理论及应用

一、认知心理理论

记忆是人类智力的基础，在人类的各种活动中起着关键的作用。语言加工离不开记忆、注意、整合等基本认知过程。记忆系统分为长时记忆(long-term memory)和短时记忆(short-term memory)。长时记忆中保存着语言知识(音节、词汇、句法、语义等不同类型的语言知识信息)和世界知识(关于世界事实的知识)，两种知识共同影响人们对语言信息的加工和理解。短时记忆是对当前信息的短暂存储，容量一般为4个组块(杨玉芳，2015)。工作记忆(working memory)是在短时记忆基础上提出的概念，指对信息进行暂时存储和加工的记忆系统。不同于短时记忆只强调存储，工作记忆既强调存储，又强调加工。工作记忆包含语音环、视觉空间模板和中央执行系统等三个子系统，分别负责贮存与复述言语信息、保持和控制视觉信息，抑制、刷新和转换信息任务等功能(郭春彦，2007)。工作记忆容量限制理论认为，工作记忆容量是有限的，它直接制约着语言加工的各个方面，包括词汇通达、句法角色的指派、语义提取及其他以语言为中介的认知任务(陈宝国等，2010)。实验证明，高工作记忆容量的学习者在句法加工过程中的速度和效率要高于低工作记忆容量的学习者(陈宝国等，2010)。工作记忆具有可塑性，通过工作记忆训练可以有效提高个体的工作记忆能力。工作记忆训练包括工作记忆存储系统训练(工作记忆广度训练)和中央执行系统训练(抑制、刷新和转换能力训练)等内容(黎翠红，2014)。

除记忆外，具身认知(embodied cognition)也是人类认识外部世界、处理认知信息的重要方式。具身理论认为，身体在认知过程中发挥着关键作用，人类认知是通过身体的体验及其活动方式而形成的(叶浩生，2010)。具身认知语言观指出，语言概念植根于动作和知觉系统中。人类对于事物概念的理解并非来自于抽象的命题表征，而是来自具体的身体的感知系统。具身语言理解包括两种机制：首先是索引机制，即在句子理解中，人们会把句中的词汇和短语索引到现实环境中的指代物上，通过现实事物来表征句子中的词汇或短语；其次是浸入经历机制，即当人们阅读或者听到一个单词时，会激活单词的经验性表征(如词汇、语法、发音、形态等)，以及与单词相关的动觉、知觉及情绪性表征，并在此基础上对这些表征加以整合。实验证明，人脑左半球负责语言和动作的区域以一种特殊的方式相互连结，词汇对相关动作具有启动作用，相反，对运动或前运动皮层的刺激也会促进对相关动作单词的加工。身体感知动作系统还参与了句子、语篇理解的加工过程(曲方炳等，2012)。语言理解和动作系统相互依存、交互影响。

二、实践应用

记忆类语言活动强调记忆的重要性及可塑性，通过强化学习者语言信息的存储和加工能力，促进语言学习效率的提升。具身式语言活动则利用身体感知经验，促进学习者对语言的理解和加工。

1. 提升语言学习效率

工作记忆容量差异影响语言加工，进而影响学习效率的提升。记忆类语言活动开展存储系统训练及中央执行系统训练，可以帮助学习者有效提升记忆能力。案例“你记得他刚才说了什么吗?”，要求学习者随时留意老师及其他同学的话语信息，并在特定时刻进行回忆和复述。这一活动旨在训练学习者拓展言语广度(语音信息容量)，提高抑制、刷新和转换语言信息的能力。案例“回忆消失的词语”中，学生通过默读和小声朗读文本的方式记忆语篇信息，在隐去部分词语后通过提取记忆信息将文本补全。在活动中，学习者需要将视觉符号信息转化为语音符号信息，并进行加工存储，这一过程中学习者要完成视觉广度(文本信息容量)、言语广度双重任务。记忆类语言活动大多为多重工作记忆训练，是多个不同类型任务的混合，从多个方面促进认知及语言能力的发展。

2. 促进语言的理解与加工

具身式语言活动强调通过学习者与周围环境的身体互动来学习、理解语言概念。案例“我说你走”，活动场地为室外操场，学生围成大圈，选出两名参与者，一人发布指令，另一人蒙住双眼后在指令帮助下将道具乒乓球放进目标纸盒中。活动中的指令包括：向后转，往前走，向左转，把球拿起来，向右转，往前走五步，停下来，蹲下来，把球放进去等。学习者通过身体的空间位移来感知“前”“后”“左”“右”等方向，通过身体的“转”“走”“拿”“停”“放”“蹲”等具体动作来理解动词的真正含义。在这一活动中，学习者的语言认知是其在实时的环境中产生的，储存在记忆里的“方位”“动作”等认知信息不再是抽象的符号，而是具体、生动，同感觉通道紧密联系的身体体验。具身式语言活动帮助学习者通过自身动作理解加工语言信息，在身体与环境的互动中塑造具身认知。在此后的语言活动中，当相同的语言刺激再次出现时，身体会模拟复现原有的动作特征；或当做出某个特定动作时，会唤醒大脑对关联词语的记忆。

第三章　语言活动内涵及类型

第一节　语言活动的内涵

前文已对语言活动进行了界定，我们认为，语言活动是在课内外多重语境下，基于一定教学理念指导的、服务于特定语言教学目标的语言交互活动，既包含一般性的语言实践活动，也包含竞争性较强的语言游戏活动。

这一定义涵盖了活动语境、活动原则、活动目标、活动对象、活动形式等内容。第一，活动语境。语言活动语境不是单一的，是课堂语境与课外生活语境的结合。课堂是语言活动的主体环境，也是学习者获取语言知识与发展语言技能的主要场所。但课外的现实生活语境也同样不可缺少，真实生活中的言语交际是课堂学习的延展，为学习者实际运用语言提供了宝贵机会。语言的社会化本质决定了语言学习离不开真实生活与社会化的语言交互。第二，活动原则。语言活动是在教师特定教学理念指导下进行的，是一定教学模式在具体教学环节的应用，离开教学理论框架的语言活动将会变得盲目、随意而低效。第三，活动目标。具体的语言活动一定要针对具体、明确的教学目标，语言活动往往与特定的语言知识目标、语言技能目标、话题功能目标、学习策略目标融合。第四，活动对象。语言活动以学生、学习为中心，活动对象主要包括教师、学生、母语使用者等。第五，活动形式。语言活动强调活动对象之间的语言交互，如教师与学生的交互、学生与学生的交互、学生与母语者的交互等，具体活动形式可包括师生问答、小组讨论、小组辩论、角色表演等，不一而足。活动形式具有开放性，有赖于教师结合具体教学内容与目标进行创造性设计，是教师教学智慧的集中体现。

第二节　语言活动的类型

语言教学理念的不同，决定了语言教学目标、方法和内容的差异，进而决定了人们对语言活动属性的不同认识。通过对丰富案例的分析，我们认为当前语言活动分类主要基于两大标准：语言属性标准和社会认知活动标准。依据语言属性标准，活动分为：语言要素活动、语言技能活动、语言功能活动等类型。依据社会认知活动标准，活动分为：方式技巧类活动、载体工具类活动等类型。

一、语言属性标准

语言教学的客体对象（内容）是语言，因此语言自身的特点决定了语言活动的自然属性特征。依据语言属性标准，语言活动首先要考虑语言基本要素教学，其中包括语音教学、词汇教学、语法教学等内容；其次要考虑语言技能的训练，也就是听力、口语、阅读及写作训练；再次要考虑语言交际功能及信息功能的实现，主要指培养学习者在各类话题语境下顺利交际的能力，以及对输入信息的理解与处理、输出信息的加工与创造的能力。各细类活动分类详述如下：

（一）语言要素分类

当前，国内外活动案例设计研究大多采用语言要素分类的标准，将语言活动分为语音活动、词汇活动、语法活动、汉字活动等类型。

语音活动旨在帮助学习者掌握正确的发音，最终实现在语言交际中语音、语调自然流畅的目标①。词汇活动旨在帮助学习者掌握常用词语，了解词汇语义的变化，培养学习者在不同领域范围内选择合适的词语进行交流和表达的能力。语法活动旨在帮助学习者了解、掌握语法规则和语言使用规律，最终实现灵活运用各种句型句式、常用修辞手法并构建语篇的目标。在汉语教学中，语言活动还包括汉字活动，汉字活动旨在帮助学习者掌握常用汉字，了解汉字构形规律，具备辨别汉字形音义的能力。

（二）语言技能分类

听、说、读、写是语言学习者进行语言交际必须具备的四项基本技能。语言技能活动的目标由学习者所处的语言水平阶段决定。初级阶段：听力活动旨在帮助学习者听懂基本词句和基本指令并做出相应反应；口语活动旨在帮助学习者跟读、复述所学词句，能就最基本信息进行交流；阅读活动旨在帮助学习者识别基本的词语、个人信息及简短材料；写作活动旨在帮助学习者能用书面

① 注：本书对语言要素活动及语言技能活动学习目标的设定均参照《国际汉语教学通用课程大纲》（修订版）目标标准。

形式写出自己造的句子。中高级阶段：听力活动旨在帮助学习者听懂工作及交际场合的谈话，能抓住交谈的主要内容和关键信息；口语活动旨在帮助学习者能就一定话题与人进行有效沟通与交流，清楚表明个人观点和态度，表述连贯流利；阅读活动旨在帮助学习者看懂一定长度的语言材料，理解大意，把握篇章结构；写作活动旨在帮助学习者能就特定话题进行描述、记录和说明，语句通顺，准确表达自己的观点。

(三)语言功能分类

1. 话题功能活动

《国际汉语教学通用课程大纲(修订版)》将教学话题分为：个人信息、情感与态度、日常生活、身心健康、文化娱乐、家庭生活、节日生活、旅游与交通、学校生活、教育、语言与文化、文学与艺术、科学与技术、社会交往、价值观念、全球与环境、社会、自然等18大类(孔子学院总部，2014)。不同的话题对应不同的社交场景和会话语境，因此，不同话题语言活动服务于特定语境的话语交际，如：个人信息活动，旨在帮助学生掌握描述姓名、年龄、家乡、电话、爱好、国籍等个人信息的能力；情感与态度活动，则注重培养学生能够表达爱、恨、喜欢、不喜欢、高兴、不高兴、同意、反对、害怕、生气等主观情感和态度；社会交往活动，旨在培养学习者能通过问候、介绍、邀请、拜访、建议、沟通、商议等语言活动建立一定的社会关系。

2. 信息功能活动

传递信息是语言的核心功能之一，语言学习者需要具备基本的语言信息输入与输出能力。根据语言的信息功能，语言活动可以分为输入活动与输出活动两大类。丁安琪(2007)又将其细分为输入型活动、控制型输出活动、自由型输出活动三类，其中输入型活动包括：抄写课堂笔记并记住内容、朗读课文或其他相关专题文章、用录音机听磁带练习听力等；控制型输出活动包括：语法练习、跟老师反复操练句型、背诵对话或课文等；自由型输出活动包括：两人一组进行课堂对话或讨论、在课堂上做口头报告、演戏剧、扮演角色等。

二、社会认知活动标准

语言活动的主体对象是人，因此，语言活动归根结底是人的活动，它与人的社会行为及认知规律紧密相连。首先，语言活动不只是单纯的教学活动，更是一种社会活动，具有社会性、约定性和文化性。其次，语言活动也是一种认知心理活动，语言能力的发展遵循人类普遍的认知发展规律，具有内在的制约及激励机制。无论是社会活动还是认知活动，都具有特定的活动方式，蕴含个性化的活动技巧，且依赖于多样化的活动载体及工具。据此，我们对语言活动有了基于社会认知活动标准的分类，详述如下：

（一）活动方式及技巧分类

1. 猜谜活动

猜谜活动的设计原理基于信息差（information gap）理论。信息差理论认为，人们交流的动力源自交际双方各自拥有对方没有的信息，为了弥补信息的差距，人们必须与拥有相关信息的对象进行交流（Joel，1996）。信息差是人们进行交际的诱因和出发点。语言教师在设计信息差活动过程中，要创设两个交流条件：一是创设交际双方的信息差；二是创设克服信息差的需求，确保设计的信息差能给学生提供用多种语言进行交际的机会。

猜谜活动属于信息差活动的一种，即单向信息差活动，活动中交际一方拥有所有信息，而另一方完全缺失信息，缺失信息的一方只有通过不停地提问，才能填补信息空白。如：案例“猜职业”活动中，学生需要通过语言线索猜测活动卡片上的职业词语是什么。教师是信息的拥有者，首先给出有限信息，如“他在房间里面工作”“他每天打很多电话”等，而这些信息是不充足信息，不足以用来确认职业词语，学生需要通过提问获取更多确切内容，信息的寻求过程带来大量的师生语言交互；案例“猜价格”活动中，学生要猜出商品具体价格，可能要经历数十次的猜测与求证，在这个过程中学生需要反复进行数字表达与价格表达，信息差的不断弥补与信息真值的不断接近刺激了学生语言表达与交际的动力，高频的互动最终会促进语言型式自动化的实现。

2. 匹配活动

匹配活动分为形义匹配与信息匹配两种类型。首先是形义匹配活动，小组活动中参与者拥有的语言材料在形式或意义上具有关联性，最终目的是让他们通过互动找到具有关联性的匹配对象，如：案例“如何更礼貌”活动中，活动者需要将生硬的表达与礼貌的表达进行配对，如“开门！”匹配“请帮我开一下门，好吗？”，“请让一下！”匹配“劳驾，请让一下！”，这两者在形式与意义上均具有关联性，活动者拿到的是乱序的纸条，只有通过与不同对象的交流才能最终匹配恰当的答案；其次是信息匹配活动，这一活动也可以视为信息差活动的一种。不同于猜谜活动，信息匹配活动属于双向信息差活动，即交际双方拥有的信息互补，信息拼合后才能得到完整信息，如：案例“匹配填空”活动中，学生两两组队，分别拿到同一文本的两个不同版本，文本信息各有缺失却又相互补充，学生只有通过使用特指问句的方式向对方索取所需信息，才能完成补全故事文本的任务。

3. 记忆活动

从信息处理模型的角度看，记忆在语言学习中占有中心地位。人们从社会环境中接受信息，并通过记忆系统(感觉记录器、短时记忆、长时记忆)对信息进行存储和加工，最后通过反应产生器输出信息(桂诗春，2003)。在语言学习过程中，一切活动最终都落点在帮助学生记住目标语的发音、词语、句型结构、行为文化等目标上。记忆活动分为两种类型：一是记忆训练活动，这是以语言要素为内容、以强化记忆能力为目标的机械型训练活动，它解决“记什么”的问题，如：案例“扑克记忆游戏”，要求参与者在众多的卡片中记住相同卡片的位置，并说出卡片内容。在卡片的定位与识别过程中，学习者的感觉记录器和短时记忆发挥了关键作用，是否感知“一只狗”“一个人”“一瓶啤酒”等视觉信息、信息储存时间长短、信息储存容量大小等因素最终决定学习者能否在活动中取胜；二是记忆技巧活动，这是以培养语言记忆方法为目的的技巧型训练活动，它解决“怎么记”的问题，如：案例“据图索词”，要求学生根据画面内容展开想象，将画面中的对象与所学词语结合起来，并用包含该语言项目的句子把这种关联表达出来，以学习“礼物”这个词为例，学生可以将“礼物”与画面对象“房子”联系起来，用句子“这幢房子是奶奶送给爸爸的礼物”进行信息储存。采用相同的方法，学生将十多个零散的词语元素融入一幅具体的画面，可以建立语言元素的语义关联，提升记忆时长，拓展记忆容量；案例“一起编故事”，要求学习者将词表中的所有词语都编进一个故事，并将故事讲述出来。这一活动有别于单纯的造句活动，利用故事创设一定的语境，每个词语成为有机篇章的组成部分，词语的使用变成一种有意义的使用，活动还强调故事的连贯性与趣味性，诸多因素融合起到了强化语言记忆的效果。

4. 头脑风暴活动

头脑风暴(brainstorming)是指通过集思广益的方式，汇集大量创造性设想的活动。头脑风暴式语言活动通常采取小组活动方式，鼓励学生最大限度地调用内部语言知识进行交流。在这一过程中，学习者需要通过激活图式(schemata)或语义框架来提高语言信息处理的能力，实现语言输出的最大化。如：案例“主题思维导图”，要求学习者尽可能多地说出与“购物”主题相关的词语。活动之初，学习者首先需要激活个体独特的心理图式，在“购物”这一框架下，会激活“地点”“对象”“时间”“价格”“支付方式”等内容。不同文化背景的学习者所生成的具体框架内容会存在差异，比如“支付方式”，美国的学习者激活的可能是“信用卡”，中国的学习者激活的可能是“微信”或“支付宝”。此外，头脑风暴活动还鼓励学生最大化地使用有限的词语或句型，如：

案例“我们不一样”中，要求小组参与者用“比字句”穷尽性列举两人的差异，强化目标形式的输出频率，达到内化的目标。

5. 故事活动

故事法(story-based approach)让学习者接触完整的有意义的故事，在阅读或视听过程中逐步地关注并思考相关话题，然后学生们共同构建完整的语篇意义，并以多种形式的交际和合作活动再造故事情节(赵建群，2006)。故事活动强调学习者在自然的故事情景中接触、理解、归纳和运用有意义的语言。故事活动一般包括呈现、注意、合作建构及拓展四个阶段，如：案例“探索人生”中，教师首先给参与者呈现人生故事的第一段文本，通过阅读，参与者们会注意面临的三个人生选择，小组成员会就此进行合作讨论，对未来进行展望，并做出最终集体决定。当所有故事文本都已经探索完毕，成员们会一起回顾完整的故事情节。在拓展环节，各组一起分享探索经历，比较自己预想中的理想人生道路与活动设计的人生道路的差异，讨论选择的重要性。

6. 绘图活动

绘图活动是将语言交际与绘画活动结合起来，以绘画的形式进行语言输出。活动要求参与者具备将语言形式的信息转化为视觉形式的信息的能力。绘图活动设计的核心是通过改变输出形式来激发学习者的互动积极性和热情。如：案例“海岛设计师”，要求参与者首先通过小组交流确定海岛的设计方案，再将方案信息以画面形式展示出来，最后依托画好的海岛图进行整体介绍。活动可简化为“表达——绘画——表达”的过程，在这里，语言输出的形式不再局限于语音形式的输出，最独特的是语言理解后视觉符号的输出。

7. 角色活动

语言是交际交流的工具，它的社会属性决定了语言学习过程的特殊性。吴伟克(Galal Walker，2010)的体演文化理论指出，“体演”是课堂内外语言学习的主要方式，强调通过“表演”“运用”“实践”等具身行动来学习语言。“体演”不是简单的分角色对话，而是基于特定文化语境的合乎角色定位的言语行为。第二语言学习者只有通过课堂内外的反复演练、强化文化故事记忆，才能真正实现得体、自如的语言运用。因此，角色活动通过创设真实情境，设计学习者扮演不同的社会角色，以体演方式学习目的语真实言语及行为文化。如：案例“模拟招聘”中，活动预设公司招聘情境，学习者扮演招聘人员和应聘人员，双方都需要对应聘的流程、常用对话、相关专业术语有一定的了解，模拟招聘是对真实场景的复现，体演交际过程是一个不断观察、模仿、调整、内化的过程。

8. 接龙活动

接龙活动是一种接序型活动，强调全班或大组的互动合作，学生参与度较高且具有一定的竞争性。活动序列分为内容序列、互动过程序列两种类型。首先是内容序列，活动文本内容具有序列性，参与者通过对乱序的内容进行重新排列来完成活动任务，如：案例“故事排序”。这类活动主要关注学习者理解语段间逻辑关系的能力。其次是互动过程序列，活动中参与者的互动交流是单向序列的，即学生 A→学生 B→学生 C→学生 D→学生 E，如：案例“对话接龙”“故事传递”等，这类活动侧重相关句型的机械性训练，尝试通过反复输出实现知识内化。

9. 动作活动

动作活动的设计基于全身反应法(total physical response)及具身认知理念。全身反应法要求学习者用身体行为对一定指令做出反应，强调听力的重要性，遵循理解先行的原则(管新平，2005)。动作活动将表情、手势、行为融入语言学习，运用肢体语言呈现所学内容，可以降低学生的紧张感，增加参与兴趣。心理学家也指出，人类的触动觉是人们感知外部世界、获取外界信息的重要途径(夏琼等，2005)。实验研究表明，触动觉与其他知觉同时作用下的被试任务绩效要高于任何单一通道作用的绩效(Heller，1982)。在案例“我说你做”中，参与者需要根据教师指令来做动作：“把左手放在鼻子上”“把右手放进裤子口袋里”“把左脚放在椅子上”，除了关键动作“放”之外，参与者还需要理解动作处置、身体部位、方位方向等语言意义，才能精准完成相关动作。在这一过程中，参与者用身体动作实践语言指令，身体的物理记忆可进一步强化语言的认知记忆，听力能力自然而然转化为其他形式的语言能力。

10. 调查活动

调查活动是指语言学习者为实现一定目的、通过采访交流的方式对某一现象进行考察、了解、分析、研究的活动。调查活动分为课堂调查和课外调查两种。课堂调查一般是指在教师的指导下，就某一常见主题进行的学生与学生之间的信息调查。如：案例“最值得去的中国城市”，要求学习者调查组间其他同学对最值得去的中国城市的排序和评价信息，这一过程包含了信息咨询、信息互换、信息处理统计等复杂语言行为。课外调查一般是指二语学习者在一定主题框架下展开的面向母语者社区的调查，课外调查同样离不开教师指导，但学习者可根据个人兴趣选择恰当话题。课外调查可以视为学习者与母语者进行深度交流，并深入了解目的语社区文化的最佳时机之一。如：案例“校园调查”中，学习者要了解“中国大学生每月消费支出是多少?”，他们必须设计合理的问卷，并与中国学生群体进行深度交流，才能最终拿到真实可信的分析数据，并对主题调查结果作出合理准确的分析。

无论是课堂调查还是课外调查，都是基于真实任务的活动，活动的内容与学习者的日常生活及兴趣方向密切相关，能解决实际问题。因此，调查活动的开展对于学习者，尤其是中高级阶段的学习者具有重要的实践意义。

11. 侦探活动

侦探活动旨在培养学生利用语言寻求信息、推理信息及解决问题的能力。侦探活动具有故事性和悬疑性，其探寻真相的过程与现实生活中真实的侦探行为是同构的，因此活动能激发参与者的探索热情，具有较好的互动效果。如：案例"哪句是谎言"中，为了辨识说话者话语中的谎言，台下学生需要围绕其所说的三个句子，精心设计提问，分析语言信息，找出逻辑破绽，这一过程不只是简单的语言输出，更多的是学习者运用目的语进行思考，运用目的语建构对社会现象及事件发展过程的普遍认识。

（二）活动载体及工具分类

1. 图片活动

图片一直以来在语言教学中占据重要地位。从认知心理机制来看，图形图像可以提高语言记忆效果，减轻语言记忆负担。图片的语言教学功能主要表现在：(1)图片可直观地阐释语法或词汇概念，比如"方位词"，图片可以清晰直观地表达"前""后""上""下""里""外"的概念，如图3-1；(2)创设真实的交际语境，为学习者提供丰富的语义信息线索，如：案例"城市地图"中，学习者拿到的城市地图为他们的对话提供了丰富的交际信息，其中包括街道名、地名、建筑物名及具体方位信息等内容，学习者可据此互相提问找寻更多的信息。随着数字技术的发展，以图形图像为核心内容的数字媒体信息越来越丰富，图形图像已然成为人们信息的重要来源及交际交流的重要方式。由此衍生出的读图能力，即分析画面、揭示画面所传递意义的能力成为重要的交际能力之一，对于外语学习者学习也十分关键。

2. 表格活动

表格活动是指学习者利用表格开展的搜集信息、统计信息、展示信息的语言活动。不同于一般的语言交流，学习者不只是简单地记录信息，更需要对信息进行可视化的呈现，展示与描述信息数据的趋势与关联。信息可视化、图表化的过程是学习者对语言进行深加工的过程，有助于他们进一步理解语言信息内涵，强化对语言信息的记忆。案例"我的日程表"中，要求学生在表格中填入个人日程安排，并通过对话搜集统计其他同学的日程信息，最终确定彼此都

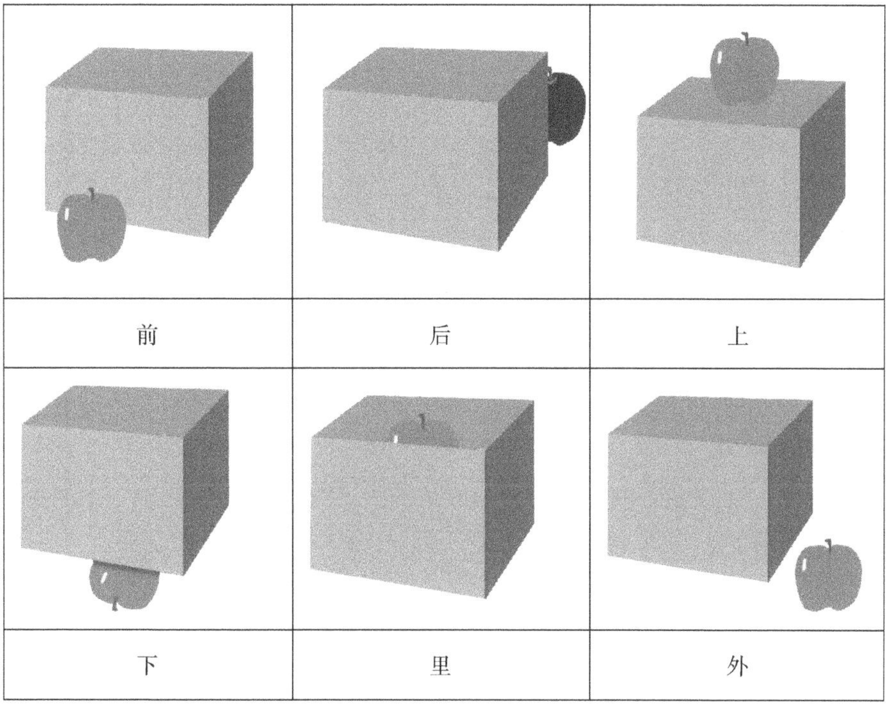

图 3-1　方位词教学

空闲的见面时间。表格的设计很简单，但其信息容量却十分巨大，涵盖了多人一周内的所有日程信息，这些信息以极简的结构化形式呈现，表格可以帮助学习者快速理解、统计信息，并进行有效的输出表达。

3. 媒体活动

媒体活动主要指利用视频、音频等媒体资源开展的视听语言活动。视频资源融合视觉符号信息与听觉符号信息，被视为高效的语言输入资源。音频资源提供单纯的语音信息，可服务于特定目的的语言学习。信息化时代，音视频资源品种丰富、数量巨大，教师需要对海量资源进行精心挑选、细致加工，合理科学的媒体活动设计能极大提高语言输入效率，并产生良好的输出效果。案例“学茶艺”中，参与者首先观看茶艺表演视频，然后用语言描述茶艺的整个流程。茶艺视频为学习者提供了具体可感的画面信息，同时辅以语音的解释说明，两种信息交融帮助学习者理解茶艺流程，并最终实现视觉符号信息向语言符号信息的转变。

4. 玩具活动

玩具活动是指利用可玩的物品开展的游戏型语言活动。玩具的种类很多，譬如积木玩具、拼图玩具、益智玩具等。玩具活动不只限于儿童，也可面向成人，有赖于活动设计者采用不同玩具、设计不同的玩法。玩具活动的优势在于“玩”，“玩”不仅可以创造轻松愉悦的互动情境，更可以调动学习者视觉、听觉、触动觉等多种感官的参与。“玩”是一种游戏，具有一定的竞争性，可以充分调动学习者积极参与的热情。案例“聊天飞行棋”中，参与者通过掷骰子的方式获得在棋盘中前进的机会，他们会遭遇不同的提问，只有顺利回答问题才能继续前进。最终的获胜者除了幸运，更需要具备良好的语言交际能力。游戏过程充满了不确定性和挑战性，游戏机制刺激参与者在玩的过程中采取积极的交际策略，实现语言输出最大化。

5. 新技术活动

当前，科技发展日新月异。社交媒体、人工智能、增强现实、大数据分析等新兴技术融入人们生活的方方面面。新兴技术赋予语言学习者前所未有的机遇，让他们拥有更多自主学习机会，可在真实的文化语境中与他人进行自由交流，也可在最切合自身需求的数字资源与工具的帮助下获取知识、技能和动力。新兴技术也让语言教师拥有更多选择，他们可通过创设真实的语言交际活动、追踪分析学习数据、提供个性化社会化的教学服务等多维方式来促进自己的语言教学。技术已然成为语言学习的一部分。在第五章案例部分，我们设计了基于社交媒体、大数据分析、增强现实等新兴技术的数个教学案例，将新兴技术与语言教学融合，在实际应用中取得了良好的教学效果。如：案例“点赞朋友圈”是对社交媒体技术的应用，学习者需要在日常生活中使用社交媒体与中国朋友进行广泛交流，从而了解中国人的人际关系、交际礼仪及行为观念，深度融入母语者社区文化。这一活动可帮助学习者提升语言技能，使他们能够在社会语境中使用目标语进行意义和形式协商，促使他们对目标语及目标文化持更积极的态度。案例“AR 博物馆”是对增强现实技术的应用。活动中，AR 博物馆将虚拟数字元素叠加在实际物理环境视图中，创建一个基于真实场景的混合现实，补充和增强学习者在现实世界中通过感官获得的知觉，为学习者提供具身式的沉浸体验，丰富其学习经历，提升其学习满意度和动机。

6. PPT 活动

微软公司的 Powerpoint(PPT)幻灯片演示软件是目前应用最广的多媒体课堂教学辅助工具。PPT 可以将文字、图形图像、音视频、动画等多媒体资源融合在一个页面，相比传统黑板，它具有更突出的表现力，能传递更丰富的多模态话语信息。但在实际教学过程中，很多教师容易步入一个误区，即将 PPT 仅仅用作静态展示教学内容的工具，沦为黑板的数字翻版。为避免步入误区，教师需要了解 PPT 软件的细节功能，同时也要培养互动化活动设计的理念。本书的案例利用 PPT 的多媒互动功能进行语言活动设计，使其成为课内外语言学习的有力载体。首先，PPT 可以实现游戏化的课堂语言交互，如：案例“汉字找不同”要求学习者在规定时间内找出两个汉字形体上的差异。这个活动需要学习者对汉字形体很熟悉，能迅速辨别形近字之间的差异。活动具有挑战性和趣味性，最终能帮助学习者在轻松游戏中巩固对汉字形体的辨识能力。其次，PPT 可以结合智慧教学工具，实现知识呈现、课堂管理、学习数据收集、学习数据分析等学习功能的融合，如：案例“智慧答题系统”将 PPT 与智慧教学工具结合设计了在线答题系统，可以在第一时间了解分析学生答题数据，掌握学生学习现状，分析疑难点，有针对性地改善教学。

本书采用的分类标准是“社会认知活动标准”。在第五章案例部分，我们设计了 17 类 150 多个具体案例，这些案例均以汉语为教学对象，服务于对外汉语教学课堂。不同活动之间存在一定的叠加重合，如：“动作猜词”活动既是全身反应活动，也可视为猜谜活动；“城市地图活动”既是图片活动，也可以是匹配活动。最终，我们将某活动归入某类，依据的是其主要特征及其核心作用机制。我们认为，语言活动具有多重属性，活动的分类不是非此即彼的，这是语言活动作为人的活动具有多样性特点的反映。

第四章　语言活动设计原则与互动模式

语言教师都思考过这个问题：如何设计合适有效受欢迎的语言活动？前几章我们介绍了语言活动的理论背景、语言活动的类型，这为我们进一步设计具体的语言活动奠定了基础。科学的语言活动设计离不开教学理念的指引，遵循特定的设计原则，而语言活动内含丰富的互动模式，其具体实施也必然遵循一定的组织原则。

第一节　语言活动设计原则

一、目标明确原则

语言活动设计之初，首要工作就是明确活动目标。活动目标可以是语言技能目标，即活动围绕提高学生的听、说、读、写能力展开；也可以是语言知识目标，如操练某个具体的音节、汉字、生词或句型等；还可以是任务功能目标，如培养学习者应对不同的社交场景和会话语境、完成特定交际任务的能力。本书案例活动的第一个环节“考察要点”明确的就是每个活动的语言目标，如：案例“猜价格”的目标是“初步掌握随身物品及常见商品的词语表达、掌握数词的表达、掌握价格的表达”；案例“如何更礼貌”的目标是“掌握委婉、礼貌地请求或建议、掌握祈使句(表建议、催促和请求)、了解语言的文化内涵”；案例“匹配填空”的目标是“能通过提问获取所需信息、能读懂叙述性的短文、掌握疑问句”等。此外，目标明确的另一标准是目标明晰简单，对应的活动规则很容易描述清楚且被学生理解。

二、任务真实原则

活动目标确定之后，教师应将目标内容与真实的任务设计融合，避免生硬地为活动而活动。首先，活动与真实的学习者结合，即活动是学习者本人的活动，其个人信息、喜好、习惯、态度等都成为活动任务的组成部分。如：案例

“寻找品位相同的人”要求参与者表达个人的喜好；案例“问卷调查(1)”要求参与者描述个人在高兴/不开心/紧张的时候会做什么；其次，活动与真实生活结合。如：案例“最值得去的中国城市”要求学习者分享真实的旅行经验，并统计选出最佳的旅游城市；案例“校园调查”要求学习者通过实地调查，了解中国大学生每月消费支出的现状。真实任务活动的本质是基于意义的学习。学界普遍认为，在有意义的、重要的社会场景中进行交际的语言学习是最有成效的(吕良环，2001)。

三、产出导向原则

Swain(1985)认为语言输出能刺激学习者对表达方式的注意，提高对知识空缺的意识，同时激活认知过程，学习者只有通过有意义的语言运用才能使自己目标语的语法准确性达到本族语者的水平。文秋芳(2018)也认为输出比输入对外语能力发展的驱动力更大，以输出为导向的综合技能训练比单项技能训练更富成效。因此，语言活动设计应以产出为导向，鼓励学生通过完成不同的交际任务来提高自己的语言使用能力。在设计产出活动过程中，我们要注意两点原则：(1)基于输入的产出。“学用一体”是产出教学理念的重要特点，语言的输入与输出过程应该是紧密相连的，唯有如此产出活动才不是无源之水、无本之木。案例“每日格言”中，学习者首先通过自己的阅读、分析去理解格言句子，之后在与同学交流过程中介绍、运用并进一步理解格言的含义。在这一过程中，学习者先输入格言知识，再输出对格言的个性化理解，最后通过反复的输出练习实现格言知识的自动化使用。(2)最大化的有效产出。有效的语言输出活动只有达到一定的数量才能真正促进语言能力的提升。因此，语言活动要刺激个体的语言使用达到最大化。如：案例“打断我”，要求学生在五分钟之内尽可能多地使用疑问句提问，打乱老师讲故事的节奏。活动机制刺激学习者最大化地输出所学疑问句式，检验所学句式知识，实现运用目的语做事、运用目的语思考的学习目标。

四、合作互动原则

社会文化理论指出，语言能力的发展是通过人与社会环境及其他社会文化符号的互动调节实现的(Vygotsky，1978)。因此，语言活动的设计应遵循社会互动原则。语言学习过程不能是学习者个人的单打独斗，语言活动的社会互动性具体表现为学习者在语言活动中与他人的合作行为。首先是学习者与教师的合作。如：案例“老师的自我介绍”中，学生通过老师的自述寻找关键信息，学习如何介绍个人信息，最后产出相关成果。活动中，教师作为合作对象，是学习者语言输入的主要来源。其次是学习者之间的语言合作。如：案例“驾驶员须知”中，学习者通过小组合作一起确定驾驶员需要遵循的规则，合作的过程是互相反馈、纠错并修正的过程。再次是学习者与母语者的语言合作。如：案例“点赞朋友圈”，学习者通过与母语者在社交媒体上的互评互赞，进行有效的语言合作，加快自身语言使用的社会化进程。

五、游戏机制原则

不同于一般的课堂练习，语言活动具有游戏机制，更利于提高学习者的学习参与度、激发学习活力。语言活动的游戏化设计要满足以下几个条件：(1)活动的竞争性。主要表现为两个方面：语言活动目标有挑战性，学习者需要通过努力才能完成相关任务；语言活动结果有输赢，只有战胜其他小组或个人才算完成相关任务；(2)活动的娱乐性。语言活动应充分激发学习者的兴趣，学习者在愉悦的环境中通过与其他成员的合作、交流获得满足感和成就感；(3)活动的即时反馈性。活动过程中，参与者通过同伴即时的信息反馈，调整活动策略，优化语言输出；教师作为活动的设计者和管理者，参与活动并对活动进行即时的评价。即时反馈，可以增进学习者之间的合作，也能改善学习者语言输出的质量。如：案例“百宝盒”，学生的任务是猜出纸盒里的物品。活动的挑战性表现在学生必须使用刚学的句式“一般疑问句”“存在句”来获取信息，获胜的学生可以得到积分的鼓励，学生之间通过彼此竞争推动游戏发展。而纸盒里究竟有什么？学生带着悬念去探索，谜底揭示的瞬间可以给学生带来满足感和欣喜感，提升活动的趣味性。无论对错，活动中教师都会给予即时反馈，学生也通过其他人的信息调整自己提问的方向。

六、技术融合原则

进入信息时代，技术已从最初的课程辅助工具，发展成为语言内容的核心来源和真实语言学习体验的重要渠道(吉晖，2019)。要实现语言与技术的融合，语言活动设计要满足以下几点要求：(1)语言信息呈现的多媒性。语言活动应充分利用语音、文字、图片、音频、视频、动画等多媒素材呈现语言信息，增强语言输入效果，发展学习者多模态话语交际能力；(2)交际平台的跨域性。在信息技术的辅助下，设计者应拓展活动语境，搭建线上线下、国内国外的交际空间与平台，为社会化语言学习创造条件。

第二节　语言活动互动模式

互动是语言活动的主要形式，是语言社会化使用的关键，对第二语言能力的发展至关重要。语言活动的互动包括三类：教师与学生的互动、学生与学生的互动、学生与母语者的互动。不同类型的活动信息交互方式不同，交互对象的特性、数量及信息流向的差异决定了多样化互动模式的存在。

一、“教师—学生”互动

“教师—学生”互动分为单人双向、多人双向、整体双向三种模式①，如图 4-1 所示。

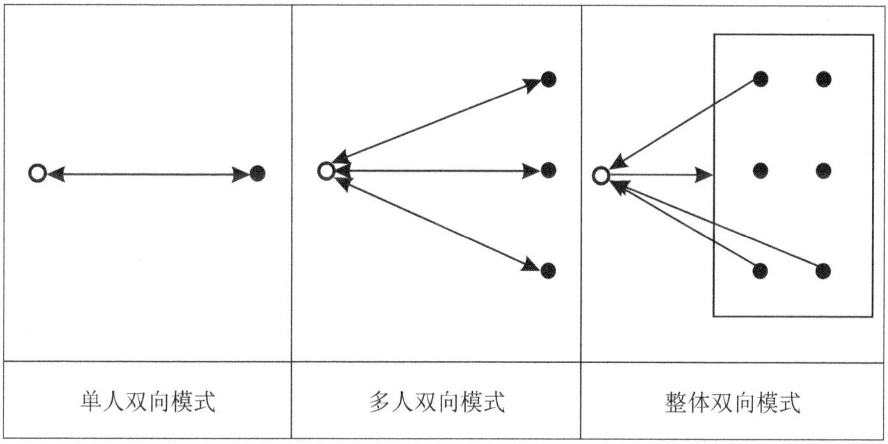

图 4-1　“教师—学生”互动模式

单人双向模式是指在同一任务活动中教师与一名学生的交互。学习者与教师存在多轮话语交流，信息为双向流动。

多人双向模式是指在同一任务活动中教师与小组内多名学生的交互。从信息流动的方向来看，组内单个学生也存在双向信息流动，但与单人双向模式比较，组内单个学生与教师对话的话轮数量少，输出信息量小。

① 注：这里所谈的单人、多人、整体对应的是学习者的数量，下同。图中，●代表学习者，○代表教师或母语者。

整体双向模式是指在同一任务活动中教师与全班学生的交互。在这一模式下，信息的输入输出是不对称的，教师面向所有学生进行整体语言输入，而学生的输出反馈是随机的、个体的，教师对个体的随机输出结果做整体评价。

二、“学生—学生”互动

“学生—学生”互动也存在三种模式：双人双向模式、多人多向模式、组群双向模式，如图 4-2 所示。

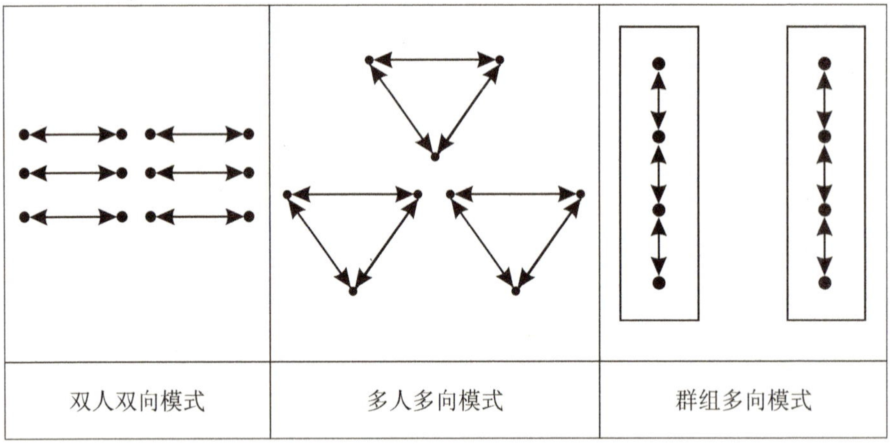

图 4-2　“学生—学生”互动模式

双人双向模式是指同一任务活动中两人组学生之间的交互。这一模式属于合作交互模式，学习者享有同等的语言机会和语言信息，合作完成语言任务。

多人多向模式是指同一任务活动中多人组组内学生之间的交互。该模式同样属于合作交互模式。组内人数可以是 3-4 人，也可以是 5-6 人。随着人数的增加，信息流动成为多向的，每个人的语言输出是面向多人的，也会得到多人的反馈。组内成员往往以讨论、调查等互动交流形式合作完成任务。

组群多向模式是指同一任务活动中 A、B 组组内或组间学生之间的交互。在这一模式下，全班学生分成 A、B 两组，组内学生采用合作交互模式，组间学生采用竞争交互模式。组内的信息交互是多向的，组间的信息交互是双向的。

三、“学生—母语者”互动

“学生—母语者”的互动包括线上与线下两种类型。因其线下活动模式与“学生—学生”互动模式存在较大共性，我们在此仅讨论其特殊的线上互动模式，包括单人双向(即时｜延时)、单人多向(即时｜延时)两类，如图4-3所示。

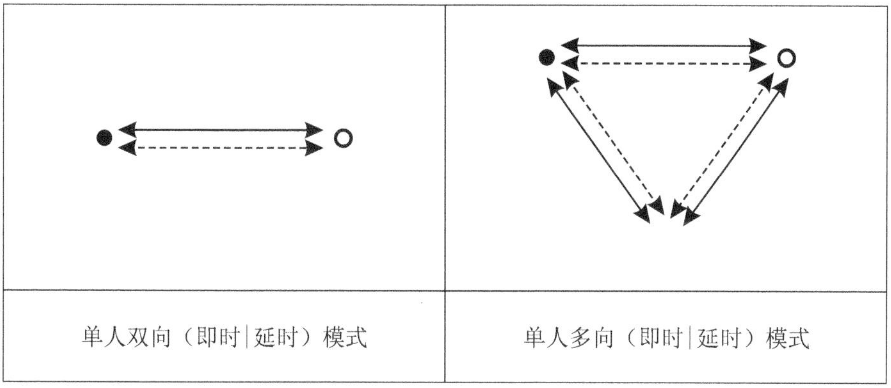

图4-3　“学生—母语者”互动模式

单人双向模式是指学习者与母语者进行的一对一的网络线上交互。不同于课堂学习语境，学习者与母语者的交流没有特定的交际任务，大多围绕真实生活场景展开。基于线上交流的特点，单人双向模式下的互动又分为即时互动和延时互动。即时互动过程中，学习者与母语者进行共时在线交流，得到即时的反馈。延时互动过程中，学习者与母语者进行错时在线交流，得到的是延时的反馈。

单人多向模式是指学习者与母语者进行的多人间网络线上交互，有即时交互、延时交互两种类型。这一模式通常发生在社交媒体群组或网络论坛语境下，学习者以参与者的身份加入母语者社区。这种群组环境下的在线交流，没有固定的主题和交流对象，可以是学习者与非固定母语者的交流，也可以是母语者之间的交流，信息的输入输出具有多向性。

通过以上分析，我们可以看出，不同类型的活动对应不同的互动模式，带来不同的互动效应。“教师—学生”模式的优势表现在，师生互动构建“专家—新手”的交互框架，教师为学习者提供有效的可理解输入，并进一步帮助其修正、改善语言输出，提供语言能力发展的“脚手架”。这一模式的缺陷表现在，同一时点阶段互动的数量很少，个体语言输出机会有限。相比之下，“学生—学生”互动在同一时点的活动频率更高，可以实现语言使用最大化的目标。但生生互动采用的是处于相同水平学习者之间的合作框架。因此，要提高生生互动的产出效果，需有针对性地将水平高的学习者与水平相对较低的学习者进行搭配，形成脚手架格局。“学生—母语者”的线上互动是对前两种模式的有益补充，是对课堂学习的延展与强化。这一模式的优势表现在，学习者可以检验自己真实的语言知识能力和语言交际能力，学会用目的语去思考、解决问题。应用该模式要努力避免表达浅层化、主题过度泛化、语言输出不系统等弊端。

此外，我们的交互除了人与人的交互，还包括人与机器的交互。如：案例“语料库的作用”和案例“对话语音机器人”，就是利用大数据技术及人工智能技术实现开展的人机互动实践。

第五章　汉语语言活动设计实例

第一节　猜 谜 活 动

1. 猜形容词

考察要点：用已学词语解释新词语的意思；形容词与名词的正确搭配。
技能训练：口语，听力，阅读。
水平：初、中级。
时间：10～15 分钟。
准备：10～15 张卡片，上面写有“形+名”短语(图 5-1)。

美丽的风景	新鲜的水果	全家的价格	聪明的学生
热情的观众	干净的房间	快乐的孩子	认真的老师
小教室	好主意	冷空气	大苹果

图 5-1　形名搭配卡片

☞**活动过程**：

1. 教师将所有卡片放在讲台上，有字的一面朝下。选择一名学生上台，随机选取一张卡片，卡片内容不能展示给其他人看。

2. 上台的学生将短语中的名词说出来，其他同学尝试猜出完整的短语。

例如，选取的卡片是“新鲜的水果”，台上学生说出名词“水果”，其他人可以猜：

“好吃的水果？”

“便宜的水果？”

3. 如果其他学生猜不出来，台上学生可以给出一些提示，如：“水果刚刚从树上摘下来”等。

4. 第一组短语猜出来后，换一个同学，继续下一轮猜词。

☞**变化形式：**

1. 学生以小组形式开展活动。教师给每组学生分发一组卡片，卡片正面朝下放置。学生轮流选取一张卡片，说出名词，其他人猜。

2. 猜对的同学可以保留该卡片，最后获得卡片最多的学生获胜。

3. 在猜完所有卡片后，学生可以自己设计短语，让其他人来猜。

☞**技巧及建议：**

1. 可选取近期课文中出现过的需要复习的生词。

2. 在猜词的过程中，要求学生说出完整的短语，不能只说形容词。活动的主要目的之一就是为了让学生熟悉形容词与名词的搭配，以及单音节形容词、双音节形容词与名词搭配时的差异。

2. 猜数字

考察要点：掌握数词的表达(0~100)。

技能训练：口语。

水平：初级。

时间：5~10 分钟。

准备：数字卡片，数字为 0~100 之间。

☞**活动过程：**

1. 教师随机选取一张数字卡片，要求学生猜出卡片上的数字，教师通过“大了”或“小了”的方式提示数字范围，直到学生猜出该数字。

2. 先全班一起预热，如：

学生 A：50。
教师：大了。
学生 B：40。
教师：小了。
学生 C：41。
教师：答对了。

3. 将学生分成 2 人小组。一人随机写下一个数字(0~100 之间)，避免让另一人看到。另一人猜测该数字是什么。流程与步骤一、二相同。第一轮完成后，互换角色。

3. 猜价格

考察要点：初步掌握随身物品及常见商品的词语表达；掌握数词的表达；掌握价格的表达。

技能训练：口语。

水平：初级。

时间：5~10 分钟。

准备：竞猜用商品图片(打印或幻灯片展示)。

☞**活动过程**：

1. 首先进行活动预演，全班活动。教师展示商品图片，如：打印机。学生先说出商品名称，再根据自己的购物经验猜测该商品的价格，教师通过“价格高了”“价格低了”进行回答，提示价格范围，最终帮助学生猜对商品具体价格。如：

学生：890 块。
老师：高了。
学生：650 块。
老师：低了。
……
学生：756 块。
老师：猜对了。

教师揭示商品价格。

2. 将学生分成 A、B 两组，分组竞猜。每组展示不同商品，竞猜过程中，要求组内每个成员都尝试说出自己估计的价格。最后，竞猜总用时少的小组获胜。

☞**变化形式：**

将学生分成 2 人小组，一人随机选择一件自己的随身物品（衣服、手机、书包、鞋子等），把价格写在一张纸上，避免让另一人看到。另一人猜测该物品的价格，猜对后，打开写有价格的纸条，记录所用时间。接下来，互换角色，流程不变。最后两人比较所用时间，用时短者获胜。

☞**技巧及建议：**

记录竞猜时间是为了提高语言输出的强度，培养学生快速表达数字与理解数字的能力。

4. 我说你猜

考察要点：能用简单的词句描述事物特征；掌握相关词语；掌握基本句型：“是”字句、“有”字句、形容词谓语句、否定句等。

技能训练：口语，听力。

水平：初、中级。

时间：10~15 分钟。

准备：根据课文内容，选取 10~15 个已学生词，制成词卡。

☞**活动过程：**

1. 教师将学生分成 A、B 两组，活动以竞猜形式进行。教师用 3~5 个句子描述竞猜词语所对应事物的特征。教师尽量使用“是”字句、“有”字句、相关形容词及名词。如：竞猜词语“自行车”可做以下描述：

它是一种交通工具。(停顿)它有两个轮子。(停顿)它很轻。(停顿)它不是很大。(停顿)它是可以骑的交通工具。

每一次停顿即为学生竞猜的时间，最先猜对的小组可以得 1 分。

2. 猜对后，教师向学生展示词卡，学生一起认读。

3. 所有词卡竞猜完毕后，得分高的小组获胜。

☞**变化形式：**

给学生布置家庭作业，让他们用同样的句型描述3~5个事物，用于第二天上课的小组互猜活动。

☞**技巧及建议：**

1. 教师可以用PPT代替词卡，竞猜前设置遮罩，猜完后显示答案。同时，也可用图片代替文字。

2. 本活动可用于生词复习环节，尽量使用最新学习的句型进行描述，帮助学生养成整句表达的习惯。

5. 扑克牌竞猜

考察要点：掌握相关词语；掌握一般疑问句。

技能训练：口语，听力。

水平：初、中级。

时间：15~20分钟。

准备：根据课文内容，选取10~15个已学生词，制成词语或图片扑克牌。

☞**活动过程：**

1. 将学生分成4~5人的小组，每组分发一套做好的词语/图片扑克牌。

2. 牌面朝下。组内一位同学先抽取一张扑克，看完牌面内容后，其他同学提问竞猜牌面上的词语或图片是什么。提问的句型只能使用是非问句，不能直接问："它是什么？"。如：

学生A：它是一种水果吗？
学生B：是的。
学生A：它是苹果吗？
学生B：不是。
学生C：它是黄色的吗？
学生B：是的。
学生C：它是桔子吗？

学生 B：是的。

猜对词语的同学留下那张牌。

3. 换一位同学继续拿下一张扑克牌，竞猜继续。

4. 竞猜全部完成后，得到扑克牌最多的学生获胜。

6. 快速猜词

考察要点：能通过语义关联寻找相关词语；能借助手势、表情等非语言手段进行简单交流；掌握常见主题词语。

技能训练：口语。

水平：初、中、高级。

时间：10~15 分钟。

准备：多组主题词语卡片，每组五个词语(表 5-1)。

表 5-1 **主题词语列表**

水果	苹果	葡萄	梨子	香蕉	猕猴桃
	桔子	西瓜	哈密瓜	桃子	柠檬
运动	跑步	游泳	打篮球	跳舞	打太极
	爬山	踢足球	打乒乓球	做瑜伽	骑自行车

☞**活动过程**：

1. 将学生分成 A、B 两组。每轮比赛每组选出一位代表进行猜词。

2. A 组先选出一位代表，站在教室前台，背对黑板，面朝其他同学。

3. 教师将一组(5 张)磁性词语卡片固定在黑板上，要求 A 组其他同学根据规则给本组猜词代表进行提示：提示不能用英语或其他语言对被猜词进行翻译；提示语言里不能出现被猜词里的任何一个字；可以使用上位词进行提示，如：用“水果”提示“苹果”“葡萄”等；或是用动作进行模仿提示，如：“跑步”“游泳”等。

4. 竞猜时间为 1 分钟，每猜对一词得 1 分。时间到后，停止猜词。教师统计 A 组得分。

5. B 组同学开始猜词，过程与 A 组一致。

6. 根据考察词语的数量进行多轮比赛。最后统计两组得分，得分高的小组胜出。

7. 窥斑见豹

考察要点：能将视觉信息转化为语言信息；能用简单词句描述事物特征；掌握观点、猜测的表达；掌握与动物相关的词语。

技能训练：口语。

水平：初、中级。

时间：5~10 分钟。

准备：将动物图片制作成幻灯片，设计遮罩动画，图片内容根据考察语言点或话题决定。

☞**活动过程**：

1. 在幻灯片页面中插入动物图片，用 25 个方形色块做成遮罩。教师每次随机揭开一个色块，让学生根据看到的部分内容进行猜测，学生可以这样表达：

我觉得是……

它可能是……

如果没有猜对，教师继续翻开另一个色块，直到有学生猜对，教师揭示答案。

2. 第一轮结束后，继续下一轮，直到所有需要考察的动物词语全部复习完。

3. 将所有动物图片集中展示，要求学生描述每种动物最典型的特征。如：

熊猫有黑色和白色的皮毛，它吃竹子。

长颈鹿的脖子很长。

斑马身上有斑纹。

☞**变化形式**：

针对水平较高的学生，使用电影海报、广告或风景画等内容较复杂的画面，学生一步一步描述自己看到的内容，当画面完全显示出来时，则需要用一段完整的话描述看到的内容，并检验先前的猜测是否准确。

8. 百宝盒

考察要点：掌握相关词语；掌握一般疑问句；掌握“有”字句（表存在）；掌握“的”字短语。

技能训练：口语。

水平：初、中级。

时间：10~15 分钟。

准备：将竞猜的物品（5 件）放进不透明的方形纸盒。

图 5-2　百宝盒

☞**活动过程**：

1. 首先，教师说明竞猜规则：方形纸盒中有 5 件物品，学生需使用“盒子里有……吗？”句式来提问，教师根据提问只回答“有”或“没有”。

2. 在活动过程中，学生一般先采用上位词进行提问，逐步缩小竞猜范围，最后有确切答案后，再说出该物品名称。每位学生使用具体名词提问的机会只有一次，猜错了就会被淘汰。比如：

> 学生 A：盒子里有吃的吗？
> 老师：有。
> 学生 A：盒子里有苹果吗？
> 老师：没有，换一位同学来猜。
> 学生 B：盒子里有巧克力吗？
> 老师：有，恭喜，巧克力是你的了。

☞**技巧及建议：**

1. 可以使用名词卡片代替具体物品。

2. 答对的学生以积分奖券的形式进行奖励。积分奖券，是一种课堂奖励机制，用于激励学生踊跃参与活动，提高语言使用频率。奖券面额一般分为100积分、50积分，学生累计积分达到一定数额，可以兑换对应分值的奖品。

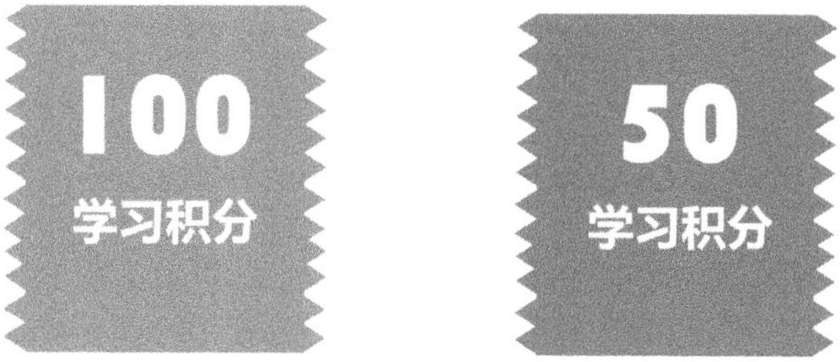

图5-3　积分奖券

9. 黑板选词

考察要点：能用句子描述物品特征(颜色、尺寸、材质、形状、用途、使用者等)；掌握相关词语；掌握“是”字句等基本句型。

技能训练：口语，书写。

水平：中、高级。

时间：15~20分钟。

准备：无。

☞**活动过程：**

1. 首先全班进行头脑风暴活动，要求学生在黑板上尽可能多地写下自己知道的物品名词，如：足球、篮球、电脑、苹果、桌子、黑板、汽车等。

2. 每个学生选取其中的一个进行描述，并写下来。如：

它是圆的，白色的，可以在草地上踢，是大家都很喜欢的一种运动。

3. 学生在教室内随意走动，与不同的同学交谈，把自己的描述读给他们听，让他们猜是什么物品。要求学生至少与3个以上不同的对象进行交谈。

4. 如果时间足够，学生可以另选一词进行描述，进行第二轮活动。

10. 我的随身物品

考察要点：能用词句描述随身物品的属性特征(产地、价格、颜色、质地、形状、功能等)；掌握相关词语；掌握“是”字句等基本句型。

技能训练：口语，听力。

水平：中、高级。

时间：10~15 分钟。

准备：无。

☞**活动过程**：

1. 首先教师示范，口头描述自己的一件个人物品，并在黑板上写下该物品的属性描述范围：产地、价格、颜色、质地、形状、功能等，如图 5-4 所示。

图 5-4　老师的手表

2. 将学生分成 3~4 人小组。组内一个学生随机选取一件个人物品(如：手机、电脑、衣服、鞋子、笔、书包、手表、眼镜等)，选定后，不直接说出该物品名称，只描述其属性，小组其他同学猜该物品是什么。如：描述“手机”：

它是中国生产的。
价格在 3000~4000 元之间。
它是黑色的。

玻璃和金属材质。
长方形，有点重。
它的作用是联系他人。

3. 猜出后，换一个同学描述，流程相同。

11. 二十个问题

考察要点：能通过询问了解事物特征、获取信息；掌握相关词语（动物、职业、家具、电器、人物等）；掌握一般疑问句。
技能训练：口语。
水平：初、中、高级。
时间：10~15 分钟。
准备：选择已学词语，制作词语卡片。

☞**活动过程**：

1. 准备词语卡片，让学生猜上面的词语是什么。

2. 先进行预热试猜，教师用一句话提示词语的范围，如："这是一种电器"。接下来，学生需要通过提问来确定这个词语到底是什么。提问数量限定在二十个以内，且必须使用是非问句，一般要求问完事物特征后，才能问是否是某物。如：

学生 A：它很大吗？
老师：不是。
学生 B：它放在厨房里吗？
老师：是的。
学生 B：它是电饭煲吗？
老师：不是。
学生 C：它是微波炉吗？
老师：是的。

3. 将学生分成 A、B 两组。分组竞猜，方式与前面相同，学生提问、老师回答。采取限时积分赛制，每组各有 5 分钟时间，每猜对一词积 1 分，积分高的小组获胜。

12. 我们在聊什么?

考察要点: 能抓住对话或交谈中的主要内容和关键信息; 能参与简单讨论, 清楚表达自己的观点, 给出简单理由或解释; 能根据所听内容做简单的记录, 概括大意。

技能训练: 口语, 听力, 书写。

水平: 中、高级。

时间: 10~15 分钟。

准备: 若干主题纸条(图 5-5)。

谈谈你们对电脑作用的看法。

成功的关键是机遇还是个人努力?

谈谈你对大学生打工的看法, 利大于弊还是弊大于利?

图 5-5　主题纸条

☞**活动过程:**

1. 教师选出两名学生志愿者, 将主题纸条发给志愿者, 避免其他学生看到主题的内容。要求志愿者就给定主题进行讨论, 讨论时不能直接说出主题句。

2. 讨论开始后, 其他同学在旁边听志愿者的讨论, 猜测他们讨论的主题。有确定想法的同学可以将自己的猜测写下来, 并交给志愿者们看, 如果猜测正确, 就可以加入他们的讨论。如果不对, 则继续旁听。全班有二分之一的学生已经猜出主题并加入讨论后, 该轮活动结束。

3. 继续选择另两名志愿者, 开始另一主题讨论, 流程相同。

13. 猜职业(1)

考察要点: 能用简单词语描述职业特征; 掌握与职业相关的词语。

技能训练: 书写, 口语。

水平： 初、中级。

时间： 10~15 分钟。

准备： 职业及相关线索词语列表。

☞**活动过程：**

1. 教师在黑板上竖列写下 6~7 个线索词，学生根据线索词猜与之的相关职业。教师准备的线索词中，前 4 个为动词，后 2~3 个为名词或形容词。如：

站 提问 讨论 举手 试卷 作业

线索词不是一次写完，教师每写完一个便停下来，学生进行思考猜测，很有可能在第三个或第四个线索词出现的时候，学生已经猜出职业是“老师”。

2. 经过教师 2~3 轮示范之后，将学生分成 2 人小组，各组选定自己的职业词后，讨论编写相关线索词。编好后，分组演示，全班一起猜测。

14. 猜职业(2)

考察要点： 掌握与职业相关的词语；掌握一般疑问句。

技能训练： 口语。

水平： 初、中级。

时间： 10~15 分钟。

准备： 制作幻灯片，页面输入职业相关名词，如“老师”“公司经理”“工程师”“警察”“厨师”等，配上相关图片。图片和词语均设置遮罩。

☞**活动过程：**

1. 展示幻灯片，竞猜内容被遮罩。教师先给出 1~2 个提示，比如：

> 他在房间里面工作。
> 他每天打很多电话。

2. 学生可以根据提示缩小提问范围，比如：

> 他在公司工作吗？
> 有很多人为他工作吗？
> 他是公司经理吗？

提醒学生，如“他是经理吗？”这样直接询问职业的提问只能尝试两次，一般是有确切答案后再尝试用这种提问方式进行确认。其他询问工作特征的问题则不限次数。

3. 猜对的学生获得积分奖励。

4. 继续下一个职业的竞猜。

15. 猜职业(3)

考察要点：能用句子描述特定职业的特征及所需技能；掌握与职业相关的词语；能记录事实性、说明性信息。

技能训练：口语，书写。

水平：中、高级。

时间：10~15 分钟。

准备：制作写有职业名称的纸条(图 5-6)。

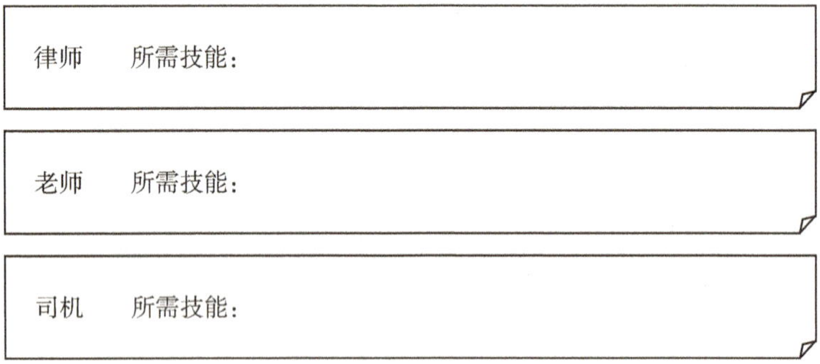

图 5-6　职业技能纸条

☞**活动过程**：

1. 将学生分成 2 人小组，每组分发一张写有职业名称的纸条，各组职业不一样，避免其他组看到本组纸条内容。

2. 组内两人讨论交流，并将该职业所需要的技能写下来。在讨论、描述职业技能的过程中，不能直接说出该职业的名称。如对“律师”的描述可能是这样：

> 这份工作需要应聘者具有很好的口才，思维敏捷，对法律知识很了解，有责任心，注重隐私等。

3. 小组讨论完毕后，每组选出一个代表，描述该职业所需要具备的素养和技能，其他组同学猜该职业是什么。

16. 我的房间

考察要点：能发布简单的指令；掌握方位的表达；掌握“把”字句；掌握家具、电器类词语。

技能训练：口语，听力。

水平：初、中级。

时间：15~20 分钟。

准备：A、B 两套不同的房间布局图（图 5-7、5-8），将两套裁剪开的家具家电图片装进两个信封（图 5-9），并准备磁钉（用于固定图片）。

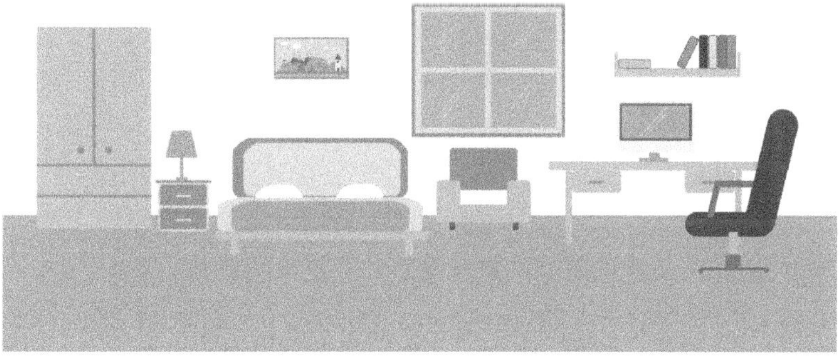

图 5-7　布局 A

图 5-8　布局 B

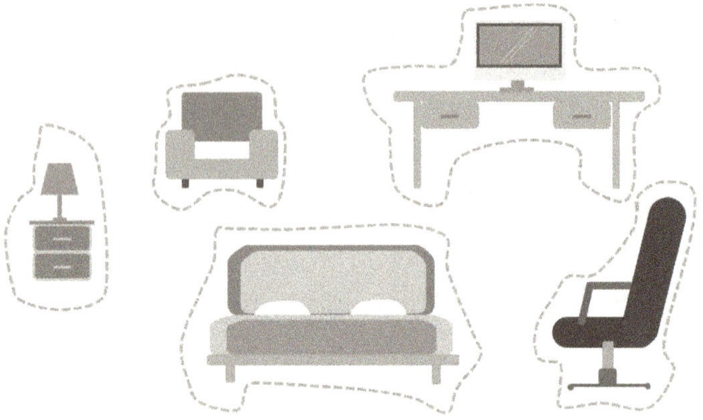

图 5-9　拼图部件

☞**活动过程：**

1. 将学生分成 A、B 两组。各组选出一名志愿者，站到台前。教师将装有家具家电图片的信封发给这两位志愿者，将布局原图分发给台下每位同学，A 组拿 A 图，B 组拿 B 图，避免两位志愿者看到原图。

2. 将黑板分成 A、B 两部分，分别画上房间框架图。要求台下学生根据原图进行描述，指导台上志愿者将家具家电放在正确的位置。如：

把桌子放在房间左边。
把电视机放在桌子上面，书柜旁边。

3. A、B 两组同时进行，最先完成家具家电摆放且位置完全正确的小组获胜。

☞**技巧及建议：**

台下各组学生在指导时，可以按顺序轮流进行，每人描述一件事物的摆放位置，确保每位学生都有发言的机会。

17. 目击证人

考察要点：能听懂简短的描述性语句；能复述对人物外貌特征的描述。

技能训练：听力，口语。

水平：初、中级。

时间：5～10 分钟。

准备：一张彩色卡通人物画像(图 5-10)，为学生准备好绘画所需白纸和彩色笔。

图 5-10　罪犯画像

☞**活动过程：**

1. 教师先进行情景预设：商场发生了一起抢劫案，警察找到了现场的一位目击证人。请学生根据目击证人的描述，画下罪犯的样子。

2. 教师充当目击证人，描述罪犯的外貌。如：

> 他是一个个子很高的男人，很强壮，黑色的头发，头发很短，穿蓝色的衣服，黑色的裤子，手里拿着一个包和一把工具。

3. 学生根据描述进行绘画。

4. 全部完成后，教师请一位同学根据自己的绘画重新描述罪犯的模样，其他同学根据其发言进行补充纠正。

5. 老师展示罪犯画像，让学生比较自己所画的画像，一起选出画得最接近的同学。

☞**变化形式：**

教师描述房间内的陈设或房屋的处所方位，学生进行绘画，考察学生对“有”字句、“在”字句及相关处所方位词语的掌握情况。

第二节　匹配活动

1. 寻找品位相同的人

考察要点：能表达个人的喜好；掌握定语；掌握一般疑问句、特殊疑问句。
技能训练：听力，口语，阅读。
水平：初、中级。
时间：10~15 分钟。
准备：演练文本(表 5-2)。

表 5-2　**演练文本**

白色	胖	猫
黑色	大	狗
黄色	小	马
(　　)	(　　)	(　　)
(　　)	(　　)	(　　)

☞**活动过程：**

1. 教师将演练文本分发给学生，设置交际场景，告诉学生根据自己的喜好选择列表中的动物，不在表中的可自行在( )中添加。

2. 学生自由走动，相互交流，努力找到和自己有相同喜好的人。如：

A：你喜欢猫吗？
B：我喜欢猫。
A：你喜欢什么样的猫？
B：我喜欢白色的胖猫。

3. 鼓励学生尽量与不同的人交流，找到更多和自己有相同喜好的人。
4. 最后教师询问每个同学找到了几个与自己喜好相同的人，看看谁最多。

2. 围成圈，比一比

考察要点：掌握比较句。
技能训练：口语，阅读，书写。
水平：初、中级。
时间：15-20 分钟。
准备：制作活动用词语卡片(表 5-3)。

表 5-3　　**词语卡片**

1	司机	老师	医生	工程师	律师	警察
2	冰箱	电视机	洗衣机	手机	电脑	微波炉
3	苹果	葡萄	香蕉	梨子	橙子	桃子

☞**活动过程：**

1. 将学生分成 5~6 人小组，每组围成小圈。每组分发一组词语卡片，如："苹果""葡萄""香蕉""梨子""橙子""桃子"等，每人 1 张。
2. 学生可将自己卡片上的水果与其他同学的进行比较。如：

苹果比橙子甜。
香蕉比梨子长。
葡萄比桃子酸。

3. 学生完成所有词语比较后，教师分发另一组词语，学生继续练习。

☞**变化形式：**

1. 将多组词比较的活动布置成家庭作业，学生将所有句子写下来。
2. 词语也可以写在黑板上，散状排列，学生以连线形式完成练习。

☞**技巧及建议：**

这个练习，对于初级阶段的学生来说有点难，因为事物之间的联系不是很密切，所以生硬的造句比较多，有意义的造句比较少，因此一般用做纯粹的句型练习。

3. 寻找匹配的答案

考察要点： 掌握特殊疑问句；能读懂日常的简单句。

技能训练： 口语，阅读。

水平： 初、中级。

时间： 10~15分钟。

准备： 将若干组问题和答案制作成小纸条备用(图5-11)。

中国人说什么语言?	汉语
中国的首都在哪儿?	北京
一小时有多少分钟?	60分钟
在中国，一年有几个季节?	4个
美国人说什么语言?	英语

图5-11　匹配纸条

☞**活动过程：**

1. 每个学生随机抽取一张纸条，抽到的可能是问题，也可能是答案。

2. 学生在教室随意走动，根据自己纸条的内容随机询问其他同学，寻找匹配的另一半。

3. 匹配成功的学生，可以继续到教师处领取其他纸条，并继续寻找相关匹配对象。

4. 所有问题和答案匹配完成后，看看谁匹配成功的次数最多。

☞技巧及建议：

1. 纸条的数量应多于学生人数，便于学生进行多次匹配，增加对话频率。

2. 学生在对话时，不能看对方纸条内容，只能通过听说的方式进行交流匹配。

4. 如何更礼貌？

考察要点：掌握委婉、礼貌地请求或建议；掌握祈使句（表建议、催促和请求）；了解语言的文化内涵。

技能训练：口语，阅读。

水平：初、中级。

时间：10~15 分钟。

准备：制作用不同方式（生硬或有礼貌）表达请求的纸条（图 5-12）。

开门！	请帮我开一下门，好吗？
请让一下！	劳驾，请让一下！
下来！	麻烦你下来一下，好吗？
帮我买一杯咖啡！	请帮我买一杯咖啡，好吗？
把你的词典借给我用一下。	抱歉，能把你的词典借给我用一下吗？

图 5-12　请求纸条

☞活动过程：

1. 将学生分成 3~5 人小组，每组分发一套含有 A、B 两组不同表述的纸条。

2. 学生对乱序的纸条进行配对，如“开门!”配对“请帮我开一下门，好吗?”

3. 配对完成后，小组成员分析 A、B 两种表达方式的不同之处，并把委婉、礼貌表达的语言特征整理记录下来，如：使用“请”“麻烦”“劳驾”“抱歉”等词语；在动词后面加“一下”，用“能……吗”“好吗”问句方式等。

4. 每组选择一个场景进行表演，分别使用生硬与礼貌两种方式，表演完后讨论、比较实际交际效果。

5. 教师点评、分析、总结。

5. 写诗

考察要点：能用恰当词语表达特定情感；掌握相关反义词；了解诗歌修辞。

技能训练：口语，写作。

水平：中、高级。

时间：10~15 分钟。

准备：准备多对反义词(表 5-4)。

表 5-4 **反义词列表**

南——北	古——今	大——小
黑——白	真——假	好——坏
美——丑	胖——瘦	动——静

☞**活动过程**：

1. 教师在黑板上写下一对反义词，如：冷、热。

2. 要求学生为每个反义词匹配两个相关的形容词。如：

冷

颓废　孤寂

火爆　滚烫

热

3. 要求学生继续为每个反义词匹配三个相关动词。如：

冷
颓废　孤寂
刺骨　肆虐　奔跑
曝晒　烘烤　燃烧
火爆　滚烫
热

4. 要求学生继续为每个反义词匹配两个相关名词，排成一列。如：

冷
颓废　孤寂
刺骨　肆虐　奔跑
冰山　雪原　烈日　大地
曝晒　烘烤　燃烧
火爆　滚烫
热

5. 学会如何作诗后，学生分成 3~4 人小组。从列表中选取一对反义词或是自拟一对反义词，小组合作一起完成一首新诗。学生可以使用字典或其他工具书。教师可适当提供帮助。

6. 各组完成后，进行诗歌交流。

6. 匹配填空

考察要点：能通过提问获取所需信息；能读懂叙述性的短文；掌握疑问句。

技能训练：阅读，口语。

水平：中、高级。

时间：20~25 分钟。

准备：加工处理两段相同的文本，在文本的不同处留空，制作成表 5-5、表 5-6。

表 5-5 **文　本　A**

文本 A 很久以前，(　)有一个叫许仙的小伙子。有一天，许仙路过(　)，突然下起了大雨，许仙看见两位姑娘没带雨伞，就把自己的雨伞给了她们。两位姑娘被许仙的行为感动了，其中穿白衣服的那位姑娘爱上了许仙。后来两个人结了婚，生活很幸福。 有一天，许仙家来了一个(　)，名字叫法海。法海偷偷儿地告诉许仙，他的妻子是一条(　)变成的。许仙不相信，法海就让他在端午节那天劝妻子喝酒，看看会发生什么事。 端午节中午，许仙按照法海的话劝妻子喝酒。他妻子本来不肯喝，但是许仙一定要她喝。妻子没办法，只喝了一杯就说不舒服，回房间睡了。过了一会儿，许仙走进房间一看，发现床上躺着一条白蛇。 许仙吓坏了，躲进了法海的(　)。白蛇去金山寺要丈夫，和法海打了起来，她不是法海的对手，最后让法海压在西湖旁边的雷峰塔下面。这个故事后来被改编成了京剧《白蛇传》。 （选自吴中伟《当代中文》2010）

表 5-6 **文　本　B**

文本 B 很久以前，杭州有一个叫许仙的小伙子。有一天，许仙路过西湖，突然下起了大雨，许仙看见两位姑娘没带雨伞，就把自己的雨伞给了她们。两位姑娘被许仙的行为感动了，其中穿白衣服的那位姑娘爱上了许仙。后来两个人结了婚，生活(　)。 有一天，许仙家来了一个老和尚，名字叫法海。法海偷偷儿地告诉许仙，他的妻子是一条白蛇变成的。许仙不相信，法海就让他在(　)那天劝妻子喝酒，看看会发生什么事。 端午节中午，许仙按照法海的话劝妻子喝酒。他妻子本来不肯喝，但是许仙一定要她喝。妻子没办法，只喝了一杯就说不舒服，回房间睡了。过了一会儿，许仙走进房间一看，发现床上躺着(　)。 许仙吓坏了，躲进了法海的金山寺。白蛇去金山寺要丈夫，和法海打了起来，她不是法海的对手，最后让法海压在西湖旁边的(　)下面。这个故事后来被改编成了京剧(　)。 （选自吴中伟《当代中文》2009）

☞**活动过程：**

1. 将学生分成 2 人小组。教师分发文本，同一组的两个学生分布拿到文本 A、文本 B。

2. 两位学生阅读各自文本，根据上下文语境分析空格的内容，互相提问，获取所需信息，如：

> 什么地方有一个叫许仙的小伙子？
> 有一天，许仙家来了一个什么人？
> 白蛇最后被压在了什么下面？

3. 全部完成后，两位学生相互比对文本，检查是否正确。

☞**技巧及建议：**

1. 要求学生只能以提问方式获取信息，不能直接读出带空格的原文句子。
2. 文本的难度、长度根据学生水平进行控制，一般 2~3 段为佳。

7. 插入形容词

考察要点：能听懂简短的各类型语段；掌握特定形容词与名词的搭配。

技能训练：听力，口语，阅读。

水平：初、中、高级。

时间：10~15 分钟。

准备：编辑一段文本，去掉形容词。文本从学过的课文中选取，篇幅在 100 词以内。教师保留一份未去掉形容词的完整版本。

☞**活动过程：**

1. 教师说明规则：教师慢读一段文本，在可以插入形容词的地方，学生举手告知。
2. 教师大声朗读文本，接受学生任何合理的答案，确保学生能使用完整的“形容词+名词”短语。
3. 每次学生说完短语后，教师结合插入的形容词重新朗读该句子。

☞**变化形式：**

教师将去掉形容词的简化文本分发给学生，学生填入合适的形容词(不一定是课文里的形容词，合适是考察原则)，并在大家面前大声朗读。

☞**技巧及建议：**

教师将可选的形容词词表提供给学生，适当降低难度。

8. 跟我读

考察要点：能复述听到的句子；能将视觉信息转化为语言信息。

技能训练：听力，口语。

水平：初、中级。

时间：5~10 分钟。

准备：准备若干张与动作相关的图片。

☞**活动过程：**

1. 教师展示图片，用相关句型描述图片内容，如果描述的内容与图片相符，学生跟读这一句子；如果描述与图片不符，学生保持安静。如：

(图片内容为一人在跑步)
教师：他在跑步。
学生：他在跑步。
(图片内容为一人在游泳)
教师：他正在看书。
学生：……(保持安静)

2. 如果有学生跟读错误，即在应该保持安静的时候依然跟读，那么该学生就被选为志愿者，到前台描述其他图片内容，直到下一位跟读错误的同学出现为止。

9. 老师的自我介绍

考察要点：能听懂对个人信息的一般介绍(年龄、兴趣、职业、家庭情况等)；掌握一般疑问句、特殊疑问句；能看懂简单的介绍性信息。

技能训练：听力，口语，阅读，书写。

水平：初级。

时间：20~25 分钟。

准备：准备两段自我介绍文本：一段为原始文本，如 A 文本(表 5-7)；一段为修改文本，如 B 文本(表 5-7)。修改文本的主体结构与原始文本一致，但在某些细节信息上存在差异。

表 5-7　**教师的自我介绍**

自我介绍(A)
我叫李一凡，是你们的汉语老师。我今年 32 岁。我已经结婚了，但现在还没有孩子，我妻子是一名记者。我很喜欢运动，特别是打篮球，平常还喜欢看电影、听音乐、去世界各地旅游。我的家离学校有点远，我每天开车上班。我很喜欢我的工作，很喜欢和同学们聊天。我也希望你们能喜欢我的课。
自我介绍(B)
我叫李一凡，是你们的汉语老师。我今年 42 岁。我已经结婚了，有一个孩子，我妻子是一名律师。我很喜欢运动，特别是踢足球，平常还喜欢看电影、听音乐、去世界各地旅游。我的家离学校有点远，我每天坐公共汽车上班。我很喜欢我的工作，很喜欢和同学们聊天。我也希望你们能喜欢我的课。

☞**活动过程：**

1. 教师在黑板上写下几个关键词：年龄，兴趣爱好，职业，家庭等。学生可根据这些词语向教师提问，了解教师的个人信息。如：

您多大了？您结婚了吗？您有孩子吗？您有什么爱好？您住哪？

教师在回答问题的时候，尽量详尽，提供的信息一定要涵盖自我介绍原始文本的所有内容。

2. 学生提完问后，教师将修改文本 B 分发给每位学生，请他们找出文本中与自己所听内容不一致的地方，并将偏差信息进行修正。鼓励学生互相讨论。

3. 教师将原始文本 A 分发给学生，学生比较 A、B 两段文本，检查自己是否修订正确。

4. 学生依据文本 A 的格式，写一段自我介绍。写完后，全班进行交流。

10. 大家来找茬

考察要点：能听懂一定长度的叙述性语段；能描述事物的差异和变化。
技能训练：听力，口语。
水平：初、中、高级。
时间：5~10 分钟。

准备：根据考察的语言点，对学过的课文进行相应改编。

☞**活动过程**：

1. 教师用较慢的语速读改编好的短文，学生对照课文，仔细听，如果听到不一样的地方，举手指出，并大声读出原文的句子。如：

> 教师：他不常运动……
> 学生：不对，他经常运动……

2. 教师与学生的互动完成后，将学生分成 2 人小组，一人读，一人听辨。

11. 宾戈游戏

考察要点：能听懂词和短语；掌握常用汉字字形。
技能训练：听力，书写。
水平：初、中、高级。
时间：5~10 分钟。
准备：无。

☞**活动过程**：

1. 教师在黑板上写下要复习的 10~15 个词语(如图 5-13)。

图 5-13　宾戈游戏

2. 学生从 10~15 个词中选出任意 4 个写在自己的笔记本上。
3. 教师随机读出黑板上的词语，学生如听到自己记录的词语，就在该词语上画✓。第一个将四个词语全部勾选的学生为第一个 BINGO 获胜者。

4. 教师继续读词，最后一个勾选完四个词语的学生为第二个 BINGO 获胜者。

☞**技巧及建议：**

教师可以直接读词，也可以通过读词语释义的方式来代替直接读词，以达到帮助学生复习词义的目的。

12. 每日格言

考察要点：能理解并恰当使用格言；初步感知汉语修辞手法。

技能训练：口语，听力。

水平：中、高级。

时间：5~10 分钟。

准备：教师提前准备与课文内容相关的格言(表 5-8)，列表打印。

表 5-8　**每日格言**

每日格言
明天，明天，明天还有明天！我们应把握住今天，让每一个今天大于 24 小时！
信心是成才的基石。没有信心的人，将一事无成。
战胜别人，先要战胜自己。
环境不会改变，解决之道在于改变自己。
坚持最难，但成果也最大。

☞**活动过程：**

1. 教师将准备好的格言列表发给每个学生，帮助学生理解每一句格言的含义及使用语境。

2. 要求学生在上课过程中，随时留意可以使用格言的地方，并举手告知，与全班分享。

☞**技巧及建议：**

1. 格言数量不宜过多，3~5 句即可。

2. 格言的选取尽量与所学课文内容相关，方便学生在具体语境中使用格言。在适当的位置，教师也可以做一定的提示，帮助学生学会应用格言。

13. 读文找词

考察要点：了解汉字与词的关系；熟练掌握汉字字形。
技能训练：阅读，听力。
水平：初、中、高级。
时间：15~20分钟。
准备：将已学课文编辑整理成阅读练习文本。

☞活动过程：

1. 教师将阅读练习文本发给每位学生，告知学生需要复习的生词都在文本中。
2. 教师读出一个词语，学生迅速从文本中找到该词，并举手示意。大部分学生找到该词后，老师挑选一位同学读出词语所在的句子。
3. 教师继续读其他词语，直到所有词语复习完毕。

☞技巧及建议：

1. 阅读文本不宜太短，要达到考察学生阅读及识字能力的目的。
2. 教师也可直接使用课文文本，通过增加词语数量的方法提高活动难度。

第三节　记忆活动

1. 记数字

考察要点：能听懂基本的数词(0~100)。
技能训练：听力。
水平：初级。
准备：100以内数字列表。
时间：5~10分钟。

☞活动过程：

1. 教师读已准备好的数字，学生用笔记下来。
2. 一分钟后，教师停止读数，用幻灯片展示答案，学生核对。
3. 继续下一组数字听写。

☞**技巧及建议：**

根据学生水平，教师调整读数的速度。听写以时间为限，不以数量为限。因此，教师可以将事先准备的数字列表尽量加长，便于控制速度，时间到便停下来，在停止处做个标记，第二轮听写从标记处开始。

2. 你记得他刚才说了什么吗？

考察要点：能听懂并复述简单的句子；掌握转述他人话语的表达。

技能训练：听力，口语。

水平：初、中级。

时间：5~10分钟。

☞**活动过程：**

1. 提前告知学生，上课过程中教师会随机提问，让大家回忆其他人说过的话，提醒大家提高注意力。

2. 在课堂中，教师提问："你们还记得我（或其他同学）刚才说了什么吗？"学生努力回忆教师或其他同学在课堂上说过的话，并用下面方式来回答：

> 老师说我们明天下午学习第五课。
> 麦克说他听不懂这句话。

3. 教师继续上课，与学生互动交流，随时停下来重复步骤2的流程。

☞**变化形式：**

要求学生转述不同场景下他人的话语，如：你记得文章的作者说了什么吗？你记得这本书写了什么吗？你记得那部电影演了什么吗？

☞**技巧及建议：**

1. 本活动旨在提高学生的听力敏感度和语言复述能力。与单纯的听力训练不同，这一活动融入课堂的真实交际之中，互动性更强，语境自然、可感，有助于提高听力理解的效率。

2. 提醒学生在转述时要注意人称的变化。

3. 扑克记忆游戏

考察要点：掌握常用名量词。

技能训练：口语。

水平：初级。

时间：10~15 分钟。

准备：制作多套游戏卡片，卡片上画面内容对应以下短语："一只狗""三只狗""一个人""四个人""一瓶啤酒""五瓶啤酒""一台电脑""三台电脑""一杯咖啡""三杯咖啡""一本书""两本书"。一式两份，共 24 张卡片(如图 5-14)。

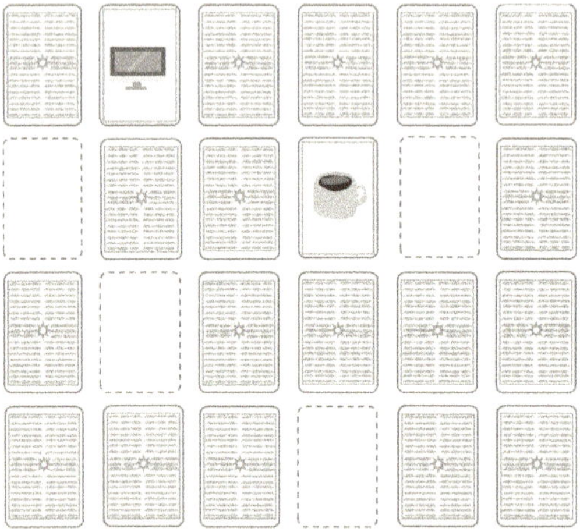

图 5-14　记忆游戏卡片

☞**活动过程：**

1. 学生分成 2 人小组或 3~4 人小组，每组学生分发一套游戏卡片。

2. 游戏卡片面朝下，按 4＊6 的方式摆放。

3. 第一位学生任意选两张，翻开卡片时，必须说出卡片上图片的内容。图片内容如果一样，比如都是"一只狗"，且学生认读正确，则该学生收下这两张卡片，并有权继续翻选卡片。如果图片内容不一样，比如分别是"一台电脑""一杯咖啡"，学生认读完后，卡片放回原位。下一位同学继续。

4. 游戏规则与第一位学生相同。翻卡片过程中，学生们应该努力记住之前其他人翻看的各张图片所在位置，这样就可以在轮到自己的时候成功将相同的卡片配对。

5. 卡片全部配对完成后，手中卡片最多的学生获胜。

☞**变化形式：**

除了相同名词的配对之外，我们还可以尝试其他形式的配对：同义词配对、反义词配对、图片与文字配对等。

☞**技巧及建议：**

1. 要求学生准确说出名量短语方可将配对的卡片收入手中。教师也可通过增加卡片数量来提高记忆难度。

2. 全班选出两名最出色的游戏者，进行高难度的终极 PK。

4. 回忆消失的词语

考察要点：能复述或背诵所学句子、语段；掌握相关词语。

技能训练：口语，阅读。

水平：初、中、高级。

时间：15~20 分钟。

准备：根据课文内容和考察语言点编辑一段 50~100 字的短文，输入幻灯片页面，设置好文本消失动画。

☞**活动过程：**

1. 教师用幻灯片展示短文，学生默读或小声朗读文本 2 分钟。

2. 隐去部分词语(每 5 个词中隐去 1 个，约 20%文本消失)，学生以接龙形式(每人一句)朗读短文全文，根据记忆将文本补全。

3. 第一轮完成后，在原来基础上继续隐去一些词语(约 40%文本消失)，学生继续以相同形式回忆朗读短文。

4. 经过多轮活动后，所有文本都消失了，要求学生能背下整篇短文。

☞**技巧及建议：**

文本不宜过长，50~100 字为佳，且内容应与学过的课文相关，便于学生记忆。

5. 词语链

考察要点：能根据语义特征、搭配关系、句法功能匹配相关词语；掌握有效的复习词语的策略。

技能训练：口语。

水平：初、中、高级。

时间：5~10分钟。

☞**活动过程**：

1. 教师选取一个新学过的词语，如“价格”，要求某位学生说出一个与之匹配或相关的词语，如“便宜”，接下来第二位学生则需要说一个与“便宜”相关的词语，如“衣服”。如此传递下去，直到轮完所有同学。

2. 进行完第一轮后，教师要求学生根据最后一词向前回溯，尽量回忆出所有刚才说过的词语链上词语。

6. 观察力比拼

考察要点：能用句子简单描述人的衣着及相关特征；掌握存在句(“是”字句、“在”字句、“有”字句)。

技能训练：口语，听力。

水平：初、中级。

时间：5~10分钟。

☞**活动过程**：

1. 在学生没有准备的情况下，要求学生闭上眼睛。教师选择不同的同学提问：

坐在你后边的同学是谁？
杰克前边是谁？
玛丽今天穿什么颜色的衣服？
教室左边的墙上有什么？

学生根据记忆进行回答，回答过程中所有学生不能睁开眼睛。

2. 所有问题回答完毕后，学生睁开眼睛，检查刚才自己的回答是否正确。

☞**变化形式**：

教师提前拍下所要考察地点的照片，如：教学楼大厅、留学生宿舍门口等学生熟悉的场所。要求学生回忆该地点有什么，并写下来。学生的回答可能是这样的：

大厅有一个自动售卖机。
大厅的墙上有一块大屏幕。
大厅左边有老师的信箱。

学生回忆完毕后，教师展示照片，比照检查刚才的回答对不对。

7. 上周的行程

考察要点：能简单描述个人的日常活动；掌握了$_{1}$(表动作完成)、了$_{2}$(表陈述、说明语气)的用法；掌握时间名词的用法。

技能训练：口语。

水平：初、中级。

时间：5~10 分钟。

准备：设计制作一张日程表(图 5-15)，用幻灯片展示。

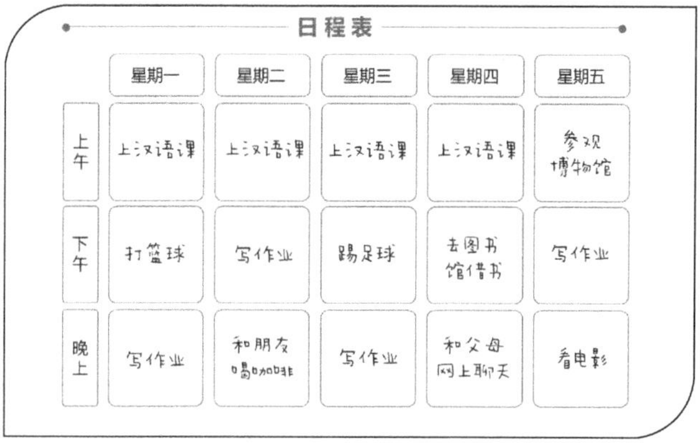

图 5-15　小林的日程表

☞**活动过程**：

1. 教师用幻灯片展示小林同学上周的日程表。
2. 选取两个时间段，向学生提问，如：

教师：上周一下午，小林做了什么？

学生：周一下午小林去打篮球了。
教师：周五晚上呢?
学生：小林上周五晚上去看了一场电影。

3. 给学生两分钟时间，记住小林的日程安排。
4. 关掉投影，教师提问，看看学生记住了多少。

8. 识记短文

考察要点：能复述看到的句子或语段；能将视觉信息转化为语言信息；能记录听到的句子、语段信息。

技能训练：阅读，书写，口语。

水平：初、中、高级。

时间：15~20分钟。

准备：准备一段短文，长度10句左右，用A4纸打印若干套。

☞**活动过程**：

1. 教师将打印好的短文放在后排无人的桌子上，或粘贴在教室后方的白板上，保证学生无法直接看到短文。
2. 将学生分成2人小组。一人离开座位去后排指定位置阅读短文，并尽可能快且多地背下一些句子，然后以最快速度返回到座位，将所看到的内容讲给同伴听，同伴用笔迅速记下来。负责识记短文的学生可以不限次数往返，不断记忆和转述新句子，最后要求其根据记忆认真核查同伴记下的文本是否与原文一致。
3. 短文全部记录下来后，提交给教师检查。用时最短，且记录无遗漏和任何书写错误的小组获胜。

☞**变化形式**：

用一张图片代替短文，学生分成两人小组，A学生充当信息传递者，看完图片后迅速跑回座位，将图片内容描述给小组的B学生听，B根据描述将图片画下来。用时最短且绘画内容最准确的小组获胜。

9. 30秒记词

考察要点：能快速记录看到的词语；能用简单的词句进行交流。

技能训练：书写，口语。

水平：初、中级。

时间：3~5 分钟。

准备：制作幻灯片，页面输入 10~12 个需要考察的词语，散射排列，设置隐现遮罩。

☞**活动过程**：

1. 用幻灯片展示词语，要求学生在 30 秒内记住尽可能多的词语。
2. 30 秒后，遮罩词语。学生各自回忆刚才看到的词语，将其写下来。
3. 将学生分成 2~3 人小组，讨论比对各自答案，补充完善词表。
4. 教师再次展示词语，学生核对答案，全部答对的小组可获得积分奖励。

10. 30 秒记图(1)

考察要点：能描述事物或人物特征；掌握相关词语；掌握数量、价格表达；掌握特殊疑问句。

技能训练：口语，书写。

水平：初、中级。

时间：15~20 分钟。

准备：设计一张图片(图 5-16)，制作成幻灯片。

图 5-16　水果店

☞**活动过程**：

1. 教师用幻灯片展示图片，要求学生在 30 秒内尽可能多地记住图片里的内容。在这一过程中，学生不能用笔记录。30 秒后，隐藏图片。

2. 给学生2分钟时间，每个人将自己看到的内容写下来。
3. 将学生分成2人小组，互相提问核对看到的内容。如：

图片是什么地方？
你看到了哪些水果？
苹果多少钱一斤？
那里有几个人？
店员穿什么颜色的衣服？

在这一过程中，教师在各组间走动，参与提问。
4. 讨论过程中，每组将回忆的内容全部写下来。
5. 分组汇报，教师展示图片，看看哪组回忆的内容最准确、最全面。

11. 30秒记图(2)

考察要点：能描述事物或人物特征；掌握相关词语；掌握特殊疑问句；掌握"在""正在"的用法；掌握存在句("在"字句、"有"字句)。
技能训练：口语，书写。
水平：初、中级。
时间：10~15分钟。
准备：根据考察内容设计或手绘图片，制作成幻灯片。

☞**活动过程**：
1. 幻灯片展示图片，时间为30秒，要求学生尽可能多地记住图片的细节内容。时间到后，隐去图片。
2. 将学生分成两人小组。一人将看到的内容尽可能多地写下来，另一人则根据自己看到的内容设计若干问题。
3. 准备好后，一人提问，一人回答。如：

A：图片里有几个人？
B：有三个人。
A：他们都在做什么？
B：一个人在走路，一个人在打电话，一个人在拍照。

4. 教师再次展示图片，学生检查自己的回忆描述是否准确。

☞**变化形式：**

制作或下载一段短视频（电影片段、宣传片、广告均可），时长控制在1分钟左右。给学生播放短视频，看完后，将学生分成两人小组。一人回忆视频内容和细节，另一人根据内容准备一些问题。接下来一人提问，另一人回答。在问答过程中两人可以进行讨论。讨论结束后，教师再次播放视频，各组检查自己的描述是否准确。

12. 30秒记图（3）

考察要点：能描述事物或人物特征；能用句子进行讨论和纠错；掌握相关词语。

技能训练：口语，听力。

水平：初、中、高级。

时间：10~15分钟。

准备：若干张图片。

☞**活动过程：**

1. 将学生分成2人小组。A、B两人分别拿到A、B两张不同的图片。两人均有30秒时间观察并记忆手中图片的内容，时间到后，把图片交换给对方。此时，A学生拿着B图，B学生拿着A图，两人均避免对方看到原图。

2. A学生回忆并描述A图的内容，B学生在必要时给予一定的提示。A学生描述完后，B学生继续相同的过程。

3. 全部描述完后，两人换回图片，检查自己的描述是否准确到位。

☞**变化形式一：**

1. 教师用幻灯片展示一张图片，学生观察30秒后，隐藏图片。

2. 教师展示一段描述该图片的文字，这段文字中有5处错误的描述，学生需要根据对图片内容的记忆将这些错误找出来。

这一过程中，学生有3次机会回看图片，但每次控制在5秒以内。

☞**变化形式二：**

1. 教师用幻灯片展示一张图片，学生观察30秒后，隐藏图片。

2. 教师描述图片内容，并故意制造一些错误，学生边听边回忆边纠错。
3. 描述完毕后，展示图片，检查正误。

13. 词卡匹配

考察要点：掌握名量词；掌握动补搭配(结果补语、趋向补语)。
技能训练：口语，阅读。
水平：初、中级。
时间：15~20分钟。
准备：制作匹配卡片，共16组，内容可参考表5-9、表5-10。

表5-9 **名量匹配**

本	书	辆	车	部	手机	棵	树
把	伞	架	飞机	台	电视机	张	桌子
条	裤子	件	衣服	支	笔	瓶	水
杯	咖啡	块	钱	根	吸管	双	鞋

表5-10 **动补匹配**

做作业	作业做完了	做饭	饭做好了
关门	门关上了	开门	门打开了
买票	票买到了	喝酒	酒喝光了
学游泳	游泳学会了	搬桌子	桌子搬走了
看书	书看完了	吃饭	饭吃光了
打电话	电话打通了	救小猫	小猫救活了
卖车	车卖掉了	花钱	钱花完了
脱外套	外套脱下了	洗衣服	衣服洗干净了

☞**活动过程：**

1. 教师将学生分成3~4人小组，每组分发一套配对卡片。卡片面朝下，按4＊8格式摆放，教师介绍游戏目的，找到匹配的两张卡片，如“本”匹配“书”，“做作业”匹配“作业做完了”。

2. 第一位学生任意翻开两张卡片，翻开的时候必须大声读出卡片上的内容，如果两张卡片内容匹配，该学生则收下这两张卡片，并有权继续翻读卡片；如果两张卡片内容不匹配，则将卡片面朝下放回原处。换第二位同学继续同样的操作。

3. 所有卡片匹配完成后，活动结束。获取卡片最多的学生获胜。

☞**技巧及建议：**

卡片匹配游戏具有较强的拓展性，除了名量搭配、动补搭配，还有形名搭配、动名搭配、近义词搭配、反义词搭配、同部件字搭配、歇后语搭配等。

14. 哪里不一样？

考察要点：能用句子描述场景、事物位置的变化；掌握存在句及方位表达。

技能训练：口语。

水平：初、中级。

时间：10～15 分钟。

准备：一组对比图片（图 5-17，图 5-18），制作成幻灯片。

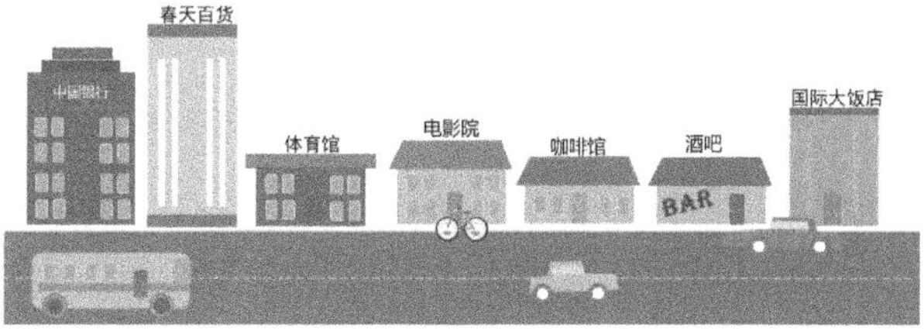

图 5-17　原图

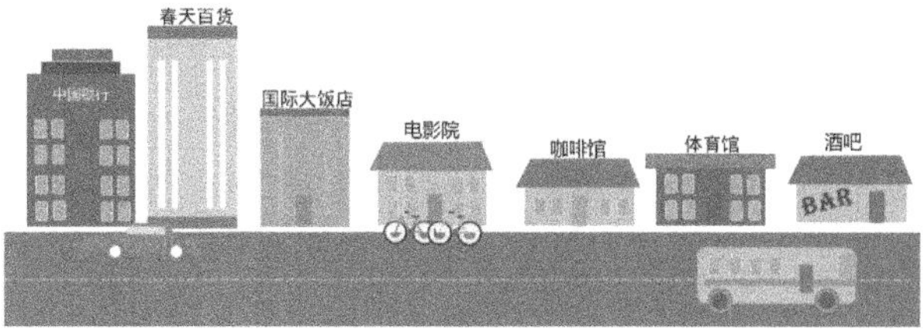

图 5-18　新图

☞**活动过程：**

1. 教师展示原图，要求学生在 30 秒内尽量记住图片细节。观察过程中，学生不能用笔记录。

2. 30 秒到后，隐去原图，展示新图。要求学生找出新图与原图的不同之处。学生举手回答，要求使用学过的句型，如：

原来国际大饭店在酒吧左边，现在国际大饭店在春天百货左边。

原来电影院前面只有一辆自行车，现在电影院前面有两辆自行车。

原来公共汽车在左边，现在公共汽车在右边。

3. 学生回答完毕后，同时展示原图与新图，对比两图不同之处，检查学生回忆是否准确。

☞**变化形式：**

此类图片记忆游戏拓展性较强，可以根据考察点来设计图片内容。

15. 客厅少了什么？

考察要点：能阅读常见的简短书面材料；能用句子描述场景、事物位置的变化；掌握存在句及方位表达。

技能训练：阅读，口语。

水平：初、中、高级。

时间：10~15 分钟。

准备：一段短文，与短文匹配的图片（与短文内容相比，图片中有部分事物缺失），制作成幻灯片。

☞**活动过程：**

1. 教师用幻灯片展示短文，学生阅读并记忆短文细节，阅读时间 3 分钟左右。

2. 隐藏短文文本，展示图片。图片内容与短文存在不一样的地方，部分事物缺失，要求学生根据记忆找出图中缺少的部分。如：

衣柜里应该有一些衣服。墙上少了一幅画。客厅里少了一台电视机。

3. 缺少部分全部找出来后，教师同时展示文本与图片，全班比对差异。

☞**变化形式：**

活动可以设计成"客厅多了什么"，图片内容比短文描述更丰富，活动流程一致。

16. 匹配记词

考察要点：能根据语义特征、搭配关系、句法功能匹配相关词语；掌握有效的复习词语的学习策略。

技能训练：书写，口语。

水平：初、中、高级。

时间：5~10分钟。

☞**活动过程：**

1. 教师将需要复习的生词写在黑板左边，从上往下直线排列。

2. 让学生为每个生词找一个匹配词语，根据匹配词语可以回忆起原词语，如：需要复习的词语为"新鲜"，匹配词语可以是"空气"或"水果"；需要复习的词语为"教室"，匹配词语可以是"学习"或"上课"等。

3. 匹配词语写在黑板右边，每完成一个，就将原词语从黑板上擦去。最后黑板上只剩下右边的匹配词语。

4. 任务反转，要求学生根据匹配词语，将原词语重新依次写回来。

☞**变化形式：**

1. 将匹配练习设计成三列的表格(表5-11)，打印分发给每位学生。

表5-11　**匹配记词**

生词	匹配词语	生词
新鲜		
教室		
超市		
晚上		
休息		
电视		
运动		

2. 完成所有匹配词语后，学生沿折叠线将左边生词部分折在下面，以防看见。

3. 学生根据匹配词语进行回忆，将生词重新写在第三列。

☞**技巧及建议：**

匹配的词语可以是一个，也可以是多个，只要能帮助学生记忆新词语都可使用。

17. 复述故事

考察要点：能听懂稍长的叙述性故事；能抓住较长叙述的主要内容和关键信息；能复述听到的叙述性故事；能用句子对相关话题进行较流利的讨论和交流。

技能训练：听力，口语。

水平：中、高级。

时间：10~15 分钟。

准备：根据需要选择编辑一段文本(故事、新闻事件、日记等均可)。

☞**活动过程：**

1. 教师大声朗读故事文本，重复两到三遍，学生认真听并努力记住故事情节及相关内容，学生不能用笔记录。

2. 将学生分成 3~4 人小组，组员先各自叙述自己听到的内容，然后就细节进行讨论并互相补充，最终形成一个比较完整的故事版本。

3. 教师再次朗读故事文本。朗读完后，各组学生对自己的故事进行比较检查，再次对故事进行补充完善。这一过程同样要求学生不能用笔记录，而是通过反复讲述进而熟练表达。

4. 全班交流，各组选派代表讲述故事。

18. 据图索词

考察要点：能将视觉信息转化为语言信息；能简单描述日常生活中的常见事物；掌握有效复习词语的学习策略。

技能训练：口语，书写。

水平：初、中、高级。

时间：15~20 分钟。

准备：准备一张图片，与课文主题有一定关联，画面内容比较丰富，如图5-19。

☞**活动过程**：

1. 让学生从正在学习的课文中选取若干个(5~8)生词或习惯性表达，抄写在笔记本上。

2. 教师将准备好的图片分发给每位学生，要求学生根据画面内容展开想象，尽量将画面中的某个对象与自己记录的词语结合起来，并用包含该语言项目的句子把这种关联表达出来。如：所记的词语是“礼物”，学生可以将“礼物”与画面对象“房子”联系起来，它们的关系是“这幢房子是奶奶送给爸爸的礼物”。所有表关联的句子写在画面相关对象的旁边。

图 5-19　据图索词

3. 将学生分成2人小组，互相介绍相关词语是如何与画面对象联系起来的。

4. 学生将相关材料(画和笔记)收起来。教师用幻灯片展示原图，学生根据画面重新回想刚才所记的词语和句子，据图索词，并默写下来，看看记住了多少。

19. 一起编故事

考察要点：能讲述简短的故事；掌握相关词语；能记录简短的叙述性信息。

技能训练：口语，书写。

水平：初、中、高级。

时间：15~20 分钟。

准备：词语列表(20~30 个词)。

☞**活动过程**：

1. 教师将学生分成 3~4 人小组，每人分发一份词语列表，要求学生利用词表中的词语编一个故事，所有词语都必须编进故事当中。

2. 活动开始后，小组每个成员合作讲述，小组秘书将故事记下来。

3. 故事编写完成后，全班分组交流，看看哪组的故事最有趣。

☞**技巧及建议**：

1. 教师提供的列表词语应是课文中已学过的较重要的生词。

2. 编故事活动重在为学生提供记忆和使用新词语的方法。新词语只有结合一定语境才能更好地习得。编故事活动与单纯的造句活动有所不同。造句是单句的活动，而编故事是语篇活动，强调故事性和趣味性，不管故事情节真假夸张与否，其参与度会更强、效果会更好。

20. 词语袋

考察要点：能叙述简短故事；掌握相关词语。

技能训练：口语，书写。

水平：初、中、高级。

时间：5~10 分钟。

准备：制作词语袋：准备一个文件袋，每次课后老师将本课重要的词语及习惯表达写在纸条上，放进袋中。词语袋的准备是一个持续的过程，袋中的词语不断丰富，主要用于语言项目的复习。

☞**活动过程**：

1. 教师选取 10 位同学，分别从词语袋中抽取 1 张纸条，并要求他们把纸条上的词语写在黑板上。

2. 将学生分成 3~4 人小组。每组围绕这 10 个词编一个故事，每个词都融入故事叙述中。

3. 小组汇报交流。

☞**变化形式：**

1. 10个词语抽取出来后，将学生分成3~4人小组。

2. 各组学生对词语进行讨论并分类。

3. 各组介绍分类情况并说明分类标准。

21. 格言交流

考察要点：能读懂相关格言；能对格言进行描述和解释；能记录听到的格言名句；初步感知汉语修辞手法。

技能训练：阅读，口语，书写。

水平：中、高级。

时间：15~20分钟。

准备：根据学生人数准备若干格言(最好主题相同，如学习、时间、品格等)，打印在纸条上。对于较难的句子，背面可附上对该名言的解释和应用场景的介绍。

书山有路勤为径，学海无涯苦作舟。

学习，学习，再学习！学，然后知不足。

学会学习的人，是非常幸福的人。

学而时习之，不亦乐乎。

学如逆水行舟，不进则退。

图5-20　格言纸条

☞**活动过程：**

1. 教师将印有格言的纸条分发给每位学生。学生先自己阅读分析，不懂的词语可以查阅词典，教师帮助解答相关疑问，确保活动开始前每位学生对自己所拿的句子都已有正确的理解。

2. 学生拿着纸条任意走动，学生间一对一进行交流，交流中可以读格言、解释格言并使用格言，目的在于交流的双方都能掌握对方格言的意义和形式，并能完整表达出来。要求学生们在规定时间内与不同对象交流，学到并记住尽可能多的句子。

3. 交流结束后，学生回到座位，将自己学到的新句子全部写下来。

4. 教师用幻灯片展示所有格言，学生对比检查，看看自己的记录正确与否。

第四节　头脑风暴活动

1. 头脑风暴：比一比

考察要点：掌握比较句；能记录听到的简单句。

技能训练：口语，书写。

水平：初、中级。

时间：10~15 分钟。

准备：同类事物名词列表(表 5-11)。

表 5-11　**同类事物名词**

1	苹果	梨子	香蕉
2	夏天	秋天	冬天
3	汽车	自行车	火车
4	电脑	手机	电视机
5	猫	狗	马

☞**活动过程**：

1. 教师在黑板写下三个同类事物名词，让学生尽可能多地找到三者之间可以比较的项目。如：“苹果”“梨子”“香蕉”三个词，学生可以说：

苹果比梨子大。

梨子比香蕉贵。

香蕉没有梨子好吃。

2. 教师将学生分成3~4人小组，每组分配相同的一组词，组员对这组词进行比较，小组秘书将所有的句子完整记录下来。

3. 十分钟后活动结束，各组交流，看看哪组的句子多。

☞**变化形式：**

同样的任务也可以布置给学生作为家庭作业，要求学生将所有比较句写下来。

2. 主题思维导图

考察要点：能根据语义特征、搭配关系、句法功能匹配相关词语；掌握相关主题词语；掌握有效的复习词语的学习策略。

技能训练：口语，书写。

水平：初、中、高级。

时间：10~15分钟。

准备：根据课文内容确定练习主题(如图5-21)，学生练习用白纸。

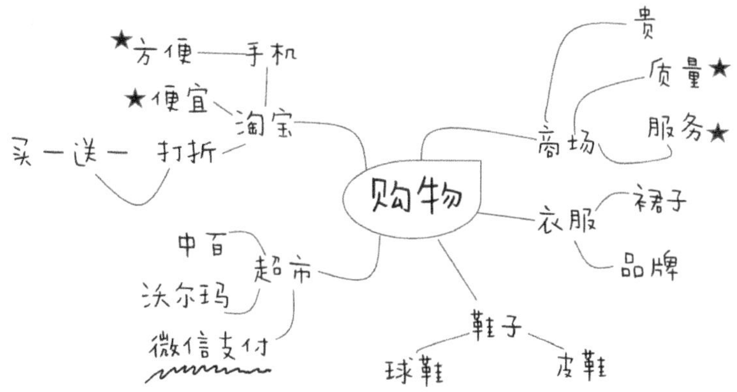

图5-21 主题思维导图

☞**活动过程：**

1. 教师在黑板上写下主题词，如：购物。引导学生说出与购物相关的一些词语，如：“商店”“打折”“刷卡”等。

2. 学生熟悉流程后，分成3~4人小组。每组分发一张白纸，学生就该主题进行头脑风暴练习，尽可能多地说出与“购物”有关的词语，并以思维导图形式写下来。

3. 要求在五分钟内完成。各组完成后，进行汇报，看看哪组写下的词语最多。

☞**技巧及建议：**

学生在说相关词语时，教师也可适当提问，为什么会想到这个词，要求学生进行解释。

3. 我们不一样

考察要点：掌握比较句(“比”字句)。

技能训练：口语，听力。

水平：初、中级。

时间：10~15分钟。

准备：无。

☞**活动过程：**

1. 将学生分成2人小组。

2. 两人通过交谈找到彼此的不同点，用“A 比 B……”的句型表达出来。如：

他的房间比我的大。
他的衣服比我的贵。
他的个子比我高。

每组要求至少找到三点不同之处。

3. 规定时间到后，小组发言，教师纠错点评。

4. 寻找相同点

考察要点：能就一般日常生活话题进行简单的交流(爱好、学习、国家、家庭、习惯、性格等)；掌握“都”的用法。

技能训练：口语，听力。
水平：初、中级。
时间：5~10 分钟。
准备：无。

☞**活动过程**：

1. 将学生分成 2 人小组，要求学生通过对话尽可能多地找到两人的共同点，可以从爱好、学习、国家、家庭、习惯、性格等方面入手。如：

你喜欢看电影吗？
你是哪国人？
你有兄弟姐妹吗？
你会说几种语言？

学生将彼此的共同点记下来，不少于三条。

2. 对话完成后，每组学生汇报共同点。如：

我们都喜欢看电影。
我们都不是中国人。
我们都有妹妹。
我们都会说两种语言。

5. 疯狂造句

考察要点：能将孤立的词语组成句子；掌握相关词语。
技能训练：口语。
水平：初、中级。
时间：5~10 分钟。
准备：无。

☞**活动过程**：

1. 教师在黑板上写下要复习的 3 个词，这 3 个词可能没有任何关联，如：

“学校”“手机”“水果”，要求学生尽一切可能将3个词都放进连贯的句子(单句或复句)里。

2. 将学生分成2人小组，讨论并写下句子，最后全班分享。这些句子可能很合理，也可能很疯狂。如：

学校里不能使用手机，但可以吃水果。
他在学校学习怎样用手机卖水果。

☞**技巧及建议：**

针对水平较高的学生，可以适当增加词语的数量。

6. 词语搭配

考察要点：能根据语义特征、搭配关系、句法功能匹配相关词语；掌握相关主题词语；掌握有效的复习词语的学习策略。

技能训练：书写，口语。

水平：初、中、高级。

时间：15~20分钟。

准备：设计词语搭配表(表5-12)。

表5-12 **词语搭配表**

动词	形容词	其他

☞**活动过程：**

1. 将学生分成3~4人小组。教师将空白词语搭配表格分发给每位学生。

2. 教师把要复习的词语写在黑板上，学生小组讨论并尽可能多地写出与该词语有关的动词、形容词及其他词语。如：复习的词是“商场”，学生的练习可能是这样：

动词	形容词	其他
逛	漂亮	打折
去	便宜	商品
离开	舒服	衣服
买	丰富	食品

3. 教师在黑板上画一份同样的空白搭配表格，每组将完成的搭配词语写在黑板上，并说出选择该搭配词的原因。

☞**技巧及建议：**

如果复习的词语是动词，那么相关搭配词语可以改成名词、形容词或其他。

7. 打断我

考察要点：能捕捉闲谈、一般性介绍的基本信息；掌握一般疑问句、特殊疑问句。

技能训练：口语，听力。

水平：初、中级。

时间：5~10分钟。

准备：一段2分钟左右的故事文本。

☞**活动过程：**

1. 教师介绍规则：在教师讲故事的过程中，学生围绕故事提问，以提问的方式阻止老教师在5分钟内讲完故事。

2. 教师开始讲故事，学生边听边举手提问，比如：

教师：昨天我去了一趟超市。
学生：昨天什么时候？
教师：昨天下午三点，我刚进超市。
学生：是哪个超市？
……

3. 5分钟后，如果教师完成了故事讲述，则教师获胜；如果没有讲完，则学生获胜。

☞**技巧及建议：**

1. 教师准备的故事在正常不打断的情况下，应该能在 2 分钟内讲完。
2. 故事文本可用学过的课文文本改编。

第五节　故事活动

1. 幽默故事

考察要点：能利用已有词语进行相关主题描述；能听懂故事性短文；能复述简短故事。

技能训练：听力，口语。

水平：中、高级。

时间：25～30 分钟。

准备：两段故事文本(表 5-13、5-14)及故事录音。

表 5-13　**幽默故事**

故　事　一

从前，有个富人特别怕死。有一次，他不小心擦破了点儿皮，就赶紧派人去请城里最有名的医生。医生给富人做了检查后，说："赶快找个跑得快的人去药店买药。"

富人一听，脸都吓白了。他十分紧张地问医生："我的伤口看起来很危险吧？"

医生回答说："如果去买药的人跑慢了，那么我担心……"

"将会发生什么意外？"富人更加害怕了。

"我担心，在他回来之前，您的伤口已经好了。"

表 5-14　**幽默故事**

故　事　二

肖先生是个十分要面子的人。他有个爱好，就是下棋。每天下午，他都要到外面和别人下棋。

有一天，肖先生遇到一个很会下棋的人，他一连输了三局。回到家后，妻子见他心情不好，就问他："今天下了几盘棋？"

他回答说："三盘。"

妻子又问："那谁胜谁负呢？"

肖先生说："第一局我没有赢，第二局他没有输，第三局我要和，他又不肯。"

☞**活动过程：**

1. 教师将两个故事的关键词语以乱序的方式写在黑板上，如：

害怕　擦破了皮　医生　富人　肖先生　下棋　买药　伤好了　检查　跑得快　和棋要面子　输　赢　三局　爱好

2. 将学生分成3~4人小组。学生们根据黑板上的关键词讨论分析两个故事主题和内容。讨论完后，每组选一名代表谈谈自己的看法。

3. 要求学生从两个故事中选择一个想听的故事。选定后，教师讲述该故事，尽量讲出幽默故事的"笑"果。在听的过程中，学生们把相关的关键词勾选出来。

4. 学生在组内复述该故事，有问题时可以请求教师帮助。

5. 教师播放该故事录音，学生将自己觉得比较重要的词语和句型记录下来。故事播放完毕后，组内同学进行交流。同时，教师鼓励学生将相关词语写在黑板上。

☞**技巧及建议：**

将两段文本关键词语混合在一起展示的目的是为了增加辨识的难度，让故事还原更有挑战性，同时也锻炼学生寻找词语内在意义关联的能力，提高想象力。

2. 故事预测

考察要点：能就特定主题展开讨论；能读懂故事性短文；能叙述简短故事；能记录简短的叙述性信息。

技能训练：口语，阅读，书写。

水平：中、高级。

时间：20~30分钟。

准备：一段故事文本，切分成若干部分，分别打印在纸条上，制作故事预测表格，如图5-22。

☞**活动过程：**

1. 将学生分成3~4人小组，每组分发一份故事预测表格。

2. 教师首先将故事标题发给学生。组内学生根据标题内容进行推测讨

标题：戒酒	故事预测
1 老李到酒吧点了两杯酒，喝完一杯，又喝了另一杯。服务员说："您真是好酒量呀。"	
2 老李说："这两杯酒，一杯是为我自己喝的，另一杯是替我重病的朋友喝的。"	
3 第二天，老李又来到同一家酒吧，但只喝了一杯酒。服务员认出了他，遗憾地问："您的朋友是不是去世了。"	
4 "没有。"老李回答，"我戒酒了，这杯是替他喝的。"	

图 5-22　故事文本纸条

论，并将相关结果写入预测表格的第一栏中。接下来，将故事文本第一段发给学生。读完后，学生对之前的预测进行修订，并继续预测后面的情节，结果写在预测表格第二栏中。其他段落文本依次分发，学生不断预测也不断修正。

3. 全部故事读完后，全班讨论预测与原文之间的不同，并讨论差异产生的原因。

☞**技巧及建议：**

选取的故事文本要符合学生的阅读水平。情节要具有一定的曲折性，利于保持学生猜测的热情。

3. 探索人生

考察要点：能就工作、人生价值等主题展开讨论；能读懂内容为事实性信息的篇章；掌握提建议、做决定的表达。

技能训练：阅读，口语。

水平：中、高级。

时间：20~30 分钟。

准备：设计故事情节，制作成故事卡片（如图 5-23），共 40 张，根据学生人数准备若干套。

卡片1

大学毕业后，你准备找工作，此时你有三个选择：1. 进入世界500强企业从事销售工作；2. 进入中学当老师；3. 自己创业，从事文化创意产业。选择1，请进入卡片2继续探索；选择2，请进入卡片3继续探索；选择3，请进入卡片4继续探索。

卡片2

进入500强企业后，销售工作压力很大，每周工作六天，应酬较多，工作收入较高，一直处于基层销售职位，职位提升竞争很大。工作两年后，你再次面临三个选择：1. 继续从事基层销售工作；2. 跳槽到一家小公司，担任销售经理；3. 读研究生，学习经济管理专业，重新规划人生。选择1，请进入卡片5继续探索，选择2，请进入卡片6继续探索；选择3，请进入卡片7继续探索。

卡片3

进入中学当老师后，教学工作很忙，但学生很喜欢你，收入一般。工作两年后，你再次面临三个选择：1. 继续担任老师，过比较平淡安稳生活；2. 一边工作一边攻读研究生学位，为进一步提升做准备；3. 跳槽去一家大型培训公司，担任培训主管。选择1，请进入卡片8继续探索；选择2，请进入卡片9继续探索；选择3，请进入卡片10继续探索。

卡片4

自己创业后，面临很多困难，两年下来收支相抵，没有盈利，此时你面临三个选择：1. 通过银行贷款，坚持自己理想，继续公司创业；2. 寻找合伙人，改变公司经营方向；3. 关闭公司，应聘至一家大公司工作。选择1，请进入卡片11继续探索；选择2，请进入卡片12继续探索；选择3，请进入卡片13继续探索。

图 5-23　故事卡片

卡片 5 至卡片 40 内容略，教师可根据样例自行设计，设计框架如下：

☞**活动过程：**

1. 教师说明活动规则：人生充满选择，不同的选择会带来不同的人生道路和经历。学生根据故事卡片提供的线索探索人生，从单一起点开始，到故事的结束，不同选择将对应 27 种不同的人生轨迹，如图 5-24 所示。

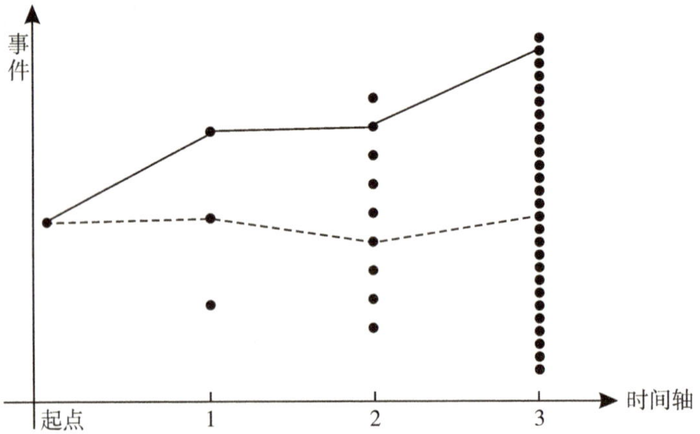

图 5-24　故事设计框架图

2. 教师将学生分成 3~4 人小组。每组分发一套探索人生的故事卡片。活动从卡片 1 开始，学生先读出卡片上的叙述文字，然后就 3 个选择进行讨论，其对话可能是这样：

学生 A：我觉得应该进 500 强企业工作，挑战大，机会更多，比较适合年轻人。

学生 B：自己创业会更好吧，做自己喜欢做的事情，发展空间更大。

学生 C：我同意 A 的观点，刚刚毕业的学生，没有太多经验，进大企业工作能迅速成长，增长见识，工作一两年后再创业会更容易。你觉得呢？

学生 B：行，那我们就这么定了，选择 1，进 500 强企业。

小组形成统一意见后，根据卡片 1 选择提示，进入下一张卡片。活动共设置三个阶段，各阶段流程一致。

3. 学生完成了第一次探索后，可以继续回到卡片 1，试一试其他选择，比较一下不同选择有什么不同的结果。

4. 各组分享探索经历，比较自己预想中的理想人生道路与活动设计的人生道路存在哪些差异，提出自己的解决方案。同时，学生也可以分享实际生活中的经历，谈谈选择的重要性。

第六节　绘 图 活 动

1. 海岛设计师

考察要点：能就某件事提出看法和建议；能用简短的句子描述地理环境；掌握相关词语；掌握存在句；掌握方位的表达。

技能训练：口语，听力。

水平：初、中、高级。

时间：20~25 分钟。

准备：为学生准备绘画所需的白纸和彩色笔。

☞**活动过程**：

1. 老师进行情境预设：你们是一群非常富有的设计师，买下了一座无人海岛，用三年时间完成了海岛的设计与改造。现在，请你们向来访的客人介绍自己的新家。

2. 教师将学生分成 3~4 人小组，每组分发一张大白纸及一套彩笔。学生互相合作，将设计的海岛蓝图画下来，要求做必要的标注。海岛图可能是图 5-25 这样的：

图 5-25　海岛图

3. 分组介绍海岛设计。如：

海岛的北边有两座山，山的前面是我们的别墅。别墅前边是一块草地，可以打篮球，骑自行车，荡秋千。海岛的东边有一个农场，有很多奶牛。海岛的南边是一个高尔夫球场，平常大家都喜欢去那打高尔夫球。周末的时候，我们会去海边划船。

介绍过程中，鼓励学生提问、讨论。

2. 黑板地图

考察要点：能说出本人的基本信息(国籍、名字、所在城市，个人经历)；掌握动态助词“过”；掌握相关基本句型。

技能训练：口语。

水平：初级。

时间：5~10 分钟。

准备：无。

☞**活动过程**：

1. 教师介绍任务：学生进行自我介绍和经历介绍，内容包括国籍、名字、居住城市以及去过的城市。要求学生把黑板假想成一幅世界地图，在介绍的时候把名字、居住城市以及去过的城市标注出来(如图 5-26，不会汉字的同学可标注名字的拼音及城市英文名)。

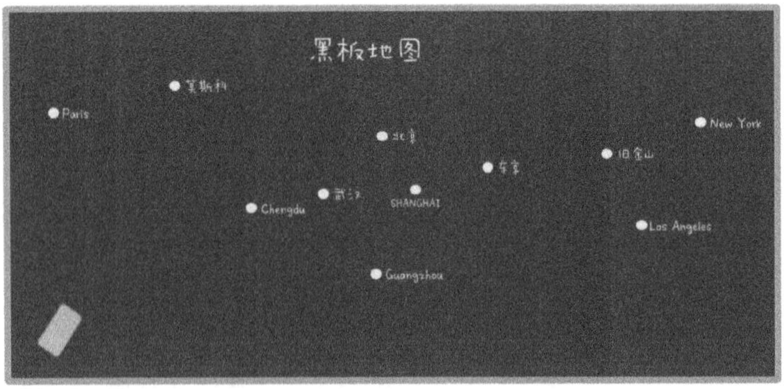

图 5-26　黑板地图

2. 教师先示范，如：我叫李明，中国人，住在武汉。我去过北京、上海、巴黎、纽约。之后，学生依次到台前介绍，并在地图上标注。

3. 介绍活动完成后，教师擦去黑板上同学的名字，只留下城市名，要求大家回忆谁去过这些城市。回忆过程中，再把同学的名字一一写回去。

3. 旅行手账

考察要点：能用简短的句子描述个人经历；能参与简短的讨论，并表达自己的观点；掌握相关词语；掌握一般疑问句、特殊疑问句；能书写短语或句子记录事件。

技能训练：书写，口语。

水平：中、高级。

时间：15~20 分钟。

准备：无。

☞**活动过程**：

1. 每人分发一张 A4 空白纸。要求学生围绕给定的“旅行”主题进行头脑风暴，用思维导图的形式将与该主题相关的事物或活动记录下来，一般要求使用短语或句子，思维导图采用手绘形式，学生可以使用各种形式让自己的思维导图更醒目更有创意。

2. 思维导图完成后，每位学生将自己的作品贴在教室的白板上。大家互相走动，观看他人的设计，并进行交流。如：

> 你为什么选择重庆？
> 你的预算为什么只有 1000 块？
> 你打算开车去旅行吗？
> 你住过青年旅舍吗？
> 如果你的钱花光了怎么办？

4. 海报设计

考察要点：能理解广告词，感知简单的汉语修辞手法；掌握程度副词“最”“更”；掌握基本的常用复句；尝试运用简单的汉语修辞手法。

技能训练：口语，阅读，书写。
水平：中、高级。
时间：15~20 分钟。

☞**活动过程**：

1. 教师根据已学过的相关句型选择对应的广告例句，如：

> 没有最好，只有更好。
> 更多选择，更多乐趣。
> 让我们做得更好！

2. 将学生分成 3~4 人小组，他们自己确定广告对象，本地公司、学校、食品、景点均可。根据范例模仿创作广告词，小组秘书记下来。
3. 全班交流，教师分析点评。
4. 课后学生将广告设计成海报，在教室内张贴出来。

☞**技巧及建议**：

学生可以利用词典查找需要的词语，教师提供帮助和参考。

5. 驾驶员须知

考察要点：能表达禁止和建议；掌握相关词语；掌握祈使句用法。
技能训练：口语，书写。
水平：中、高级。
时间：10~15 分钟。
准备：大张白纸和彩色笔。

☞**活动过程**：

1. 教师进行情景预设：如果你是一个汽车司机，你应该遵守哪些规则？能做什么？不能做什么？要求学生使用祈使句，比如：

> 不能一边开车，一边打电话。
> 必须要有驾驶证。
> 不能超速行驶。

开车前不能喝酒。

2. 将学生分成 3~5 人小组，互相讨论。小组秘书将所有建议记下来。
3. 每组用彩色笔和白纸将驾驶员须知制作成海报，张贴在布告栏。

☞**活动拓展：**

布置家庭作业，让学生分析其他职业（如老师、医生、学生）需要注意的事情，选择最重要的三条写下来，第二天提交，并讨论。

第七节　角色活动

1. 不在场证明

考察要点：能听懂一般的问题；能简单描述日常生活中的活动或个人经历。

技能训练：口语，听力。

水平：初、中、高级。

时间：10~15 分钟。

☞**活动过程：**

1. 教师进行情景预设：市中心的银行发生了一起抢劫案，时间是昨天下午三点。警察找到两名嫌疑人，准备进行审问。如果这两个嫌疑人能彼此证明昨天不在现场，且说法一致，则可以摆脱嫌疑。
2. 两名学生扮演嫌疑人 A 和嫌疑人 B，要求到教室外准备可能要回答的问题。其他同学扮演警察，在教室内以小组形式准备想问的问题。
3. 准备 5 分钟后，“嫌疑人”A 先进教室。“警察”们开始提问，比如：

警察：昨天下午你和谁在一起？
嫌疑人 A：我和 B 在一起。
警察：昨天下午三点你们在做什么？
嫌疑人 A：我们在商场买东西。
警察：买完东西你们去了哪里？
嫌疑人 A：我们去了地铁站。

4. “嫌疑人”A 回答完问题后，“嫌疑人”B 进来，警察们询问相同的问题。两人如果回答一致，则摆脱嫌疑，如果不一致，则证明有罪。

2. 模拟招聘

考察要点：能听懂工作环境下稍复杂的交际用语和工作用语；能流利描述个人经历和个人能力；能就一些特定话题进行深入交流；能书写专业性的问题。

技能训练：听力，口语。

水平：中、高级。

时间：25~30 分钟。

准备：工作列表，如：英语教师、部门经理、酒店厨师、导游、翻译等。

☞**活动过程**：

1. 将学生分成 3~4 人小组。每组分配一个招聘岗位，组员合作完成一次模拟招聘工作。

2. 招聘岗位确定后，小组讨论并设计 10 个招聘问题，要求每组根据经验（做过什么）和能力（能做什么）来进行问题设计。如：

> 你以前当过老师吗？
> 你教过中学生吗？
> 你能说几种语言？水平怎么样？

3. 问题设计完成后。每组选派一人参加其他小组的面试。面试过程采取多对一的形式，即每位小组成员提问、应聘者回答的形式。

4. 面试完成后，每组汇报面试结果，并说明原因。

☞**技巧及建议**：

关于招聘问题，有些词语相对专业，教师可适当进行指导。小组汇报面试结果时，鼓励学生多说多分析。

3. 写脚本

考察要点：能就一般生活主题展开交流（寒暄、约定时间等）；能记录简单日常对话。

技能训练：书写，口语。

水平：初、中、高级。

时间：20~25 分钟。

☞**活动过程**：

1. 将学生分成 2 人小组。教师给学生设置情境：两位同学暑假后第一次在教室见面，彼此寒暄、问候假期生活。要求学生分饰 A、B 角色，合作将对话脚本写下来。如：

A：这个暑假去哪儿玩了？
B：去了一趟北京和上海，太好玩了，你呢？
A：我哪儿也没去，就待在武汉，找了一份兼职。
B：不错啊，难怪你的汉语水平又提高了不少。
A：要上课了，我们待会儿聊。
B：好的。

2. 脚本编写完成后，学生可事先预演，之后全班分组表演。教师与学生一起讨论点评，全班选出最好的 3 个脚本。

☞**技巧及建议**：

教师在点评时尽量考察语言表达是否地道自然，提出合理建议。

4. 电影对白

考察要点：能对一定主题展开较深入的讨论，表达个人观点；能模仿母语者的对话；能借助动作、表情等非语言手段强化交际效果；能读懂文学性剧本。

技能训练：口语。

水平：中、高级。

时间：25~30 分钟。

准备：电影对白文本，切分成 A、B 两段，对应视频片段。

☞**活动过程**：

1. 将学生分成 3 人小组。随机分发对白 A 或对白 B，拿到 A 文本的为 A

组，拿到B文本的为B组，A、B组数相同。如遇奇数组，可以将3人小组简化为2人小组凑成偶数组。3人小组中两人扮演角色，一人担任导演。2人小组只设角色。

2. 活动开始。要求各组先讨论分析对白内容，其中包括时间、地点、人物关系、发生事件等。讨论完毕后，角色进行对话表演，导演进行指导。

3. A、B组进行合作展示，同学间互相点评。

4. 教师播放对应电影视频片段，学生观看，并展开讨论。

☞**技巧及建议：**

将对白切分成A、B两段的目的在于缩短文本长度，便于学生短时间内模仿操作，同时又不显得内容单调。更为重要的是，教师可以进行A、B组对比，看看谁的演绎更准确到位。

5. 我爱配音

考察要点：能模仿母语者对话；能借助动作、表情等非语言手段强化交际效果。

技能训练：口语。

水平：中、高级。

时间：15~20分钟。

准备：学生自行准备喜欢的影视剧视频片段。

☞**活动过程：**

1. 提前一周布置任务：学生两两组队，选取自己喜欢的电影片段，按角色进行配音练习。

2. 在课堂上，学生先简要介绍所选影片和角色，再播放影片并进行现场配音。配音完成后，配音同学与其他同学就影片内容进行简短的问答互动。

3. 所有展示完成后，大家讨论并票选最佳配音小组。

☞**技巧及建议：**

1. 配音时长根据学生的汉语水平确定，一般不少于3分钟。

2. 电影片段可以是中国电影，也可以是外国电影。

3. 要求学生将电影片段字幕去除。

4. 如果配音角色多，可以分成多人小组。

6. 猜剧配音

考察要点：能将视觉信息转化为语言信息；能根据语境信息猜测并模拟对话；能借助动作、表情等非语言手段强化交际效果。

技能训练：口语。

水平：中、高级。

时间：30 分钟。

准备：影视剧片段，打印对白文本。

☞**活动过程**：

1. 教师简要介绍将要观看的影片剧情，帮助学生提前了解对话片段出现的上下文语境。

2. 播放选好的影片片段，去掉影片声音和字幕，要求学生根据影片画面猜测角色对话内容。

3. 根据影片出现角色的多少，将学生分成对应人数小组。每组组员互相讨论，将猜测的影片对话写下来。

4. 各组根据自己的文本配音展示。

5. 播放影片原声对话，选出配音最接近的小组。

6. 各组练习原声对话，最后再一次分组展示。

☞**技巧及建议**：

影片片段不宜过长，控制在 1~2 分钟，对话话轮控制在 15 个以内。

7. 提建议

考察要点：能就一定事件提出个人建议；掌握祈使句；能记录听到的单句或复句。

技能训练：听力、口语。

水平：初、中级。

时间：10~15 分钟。

准备：设计若干讨论场景，如：如果你的手机掉了怎么办？如果你的飞机晚点了怎么办？如果你生病了怎么办？如果你上课听不懂怎么办？

☞**活动过程：**

1. 教师进行场景预设：你和朋友一起出去玩，有一个朋友的手机不见了，这时候你们应该怎么提建议呢？

2. 要求学生使用“我们……”“不要……”“……吧”等句型。如：

我们先想一下刚才去了哪些地方？

不要着急，我们先给手机打个电话吧。

我们回刚才的饭店去找一找吧。

3. 学生练习完第一个场景后，分成3~4人小组。教师分配一个新的场景，根据该场景每个学生至少提出1个建议，小组秘书将每个建议都写下来。

4. 全班分组展示交流。

8. 圆桌派

考察要点：能就感兴趣的话题进行描述，表达清晰连贯；能就一定话题与他人进行较为深入的交谈。

技能训练：口语。

水平：中、高级。

时间：30分钟。

准备：布置任务，学生提前准备用于主题介绍的幻灯片。

☞**活动过程：**

1. 每次活动选取3名参加访谈的学生，提前一周布置访谈主题，如：我的城市。学生根据主题准备相关图片和介绍文字。

2. 教师与参加访谈的学生一起坐在台前。访谈活动开始后，教师主持，学生用幻灯片展示、介绍主题内容，其他同学可以随时提问进行互动。

☞**技巧及建议：**

1. 访谈目的旨在促进学生用汉语展示、介绍本国文化的能力。鼓励学生采用各种形式展示本国特色文化，比如特色服饰、特色美食等。

2. 参加访谈的同学尽量来自不同国家。

3. 教师也可邀请中国学生参加访谈，创设更真实的访谈语境。

9. 课堂采访

考察要点：能就常见话题进行深入交流；能听懂与个人生活相关的简短交谈；能转述他人话语。

技能训练：听力，口语，书写。

水平：中、高级。

时间：10~15 分钟。

准备：无。

☞**活动过程**：

1. 请一位学生做志愿者，到教室前台接受其他同学的采访，采访话题可以是兴趣爱好、难忘的经历、假期的打算等。

2. 在参访过程中，其他同学将听到的内容记下来。

3. 将同学分成小组，每组成员根据自己记录的内容，尽量多地整理出采访中出现的问题和回答，并用转述形式写下来，如：

> 他说他喜欢打篮球。
> 他说这个夏天要去北京旅游。
> 他说他最难忘的经历是在中国学习汉语。

4. 分组汇报。

第八节　接龙活动

1. 对话接龙

考察要点：掌握一般疑问句、特殊疑问句。

技能训练：口语。

水平：初级。

时间：5~10 分钟。

准备：设计疑问句对话素材(表 5-15)。

表 5-15 **对话接龙**

今天几号？	今天……
今天天气怎么样？	今天……
你会说汉语吗？	我会/我不会……
现在几点？	现在……
你是哪国人？	我是……

☞**活动过程：**

1. 教师将全班学生分成 A、B 两组，每组各自围成圈或站成直线队列。

2. 教师分配接龙任务，对话内容为(可参考素材列表)：

现在几点？
现在……

3. 教师介绍接龙方法：A 同学向 B 同学提问："现在几点？"B 同学回答："现在三点二十。"B 同学继续问 C 同学："现在几点？"C 同学回答。按照这个顺序进行接龙，直到最后一位同学。结束时，教师用秒表记录接龙时间。

4. 两组先后进行对话接龙，用时少的小组获胜。

5. 第一轮结束后，教师可以继续安排新的接龙任务，巩固疑问句型用法。

☞**技巧及建议：**

本活动可以安排在热身复习环节，接力竞赛的形式有利于营造紧张的竞争氛围，较快的节奏能帮助学生充分熟悉常用句型，提高其即时反应能力，达到张口就来的程度。

2. 故事接龙

考察要点：能填写与生活相关的简单信息(时间、地点、人物、做什么)。

技能训练：书写。

水平：初、中级。

时间：10~15 分钟。

准备：制作故事纸条，一般为 7 张(图 5-27)。

1.（时间）______________________

2.（地点）______________________

3.（人物A）________ 正在 ____________。

4.（人物B）________ 正在 ____________。

5. A对B说 ______________________。

6. B回答说 ______________________。

7.（结果）最后，他们________________。

图 5-27　故事纸条

☞**活动过程：**

1. 教师将学生分成 7 人小组，把准备好的纸条分发给组内每位学生，一人一张。告知学生每人拿到故事接龙的不同部分，如：时间、地点、人物、话语等。

2. 每位学生根据纸条要求进行填写，内容不限，可以充分发挥想象。为创造故事接龙的新奇效果，要求学生在填写的过程中对内容保密。

3. 最后，按照先后顺序，各组学生依次读出自己填写的内容，完成故事接龙。如：

> 2050 年圣诞节，东湖边，李白正在喝酒，姚明正在打篮球，李白对姚明说：我们明天一起去北京吧，姚明回答说：我今天晚上去看电影。最后，他们去咖啡馆喝咖啡了。

4. 大家一起评出最奇特的故事接龙。

☞**技巧及建议：**

如果小组不足 7 人，可以一人完成两到三张纸条的填写(纸条序号间隔)。

3. 故事传递

考察要点：能复述看到或听到的信息；能记录听到的信息。

技能训练：口语，听力，书写。

水平：初、中级。

时间：10~15 分钟。

准备：选取一段故事文本，以句为单位写在多张纸条上，按顺序编号。

☞**活动过程：**

1. 将学生分成 5~6 人小组，围成小圈。

2. 教师先将第一张故事纸条交给第一位同学，纸条文本内容只有第一位同学一人能看到。看完纸条后，该同学必须马上将纸条内容轻声转述给第二位同学，第二位同学听完后继续转述给第三位同学，句子依次传递，当传递到最后一位同学时，最后的同学必须将听到的句子写下来。

3. 句子的传递是持续不断的，接下来是第二句、第三句，过程相同。整个故事最终全部传递到了最后一位同学，并被记录下来，活动结束。

4. 各组将原文本与传递文本进行比较，看看是否一致、哪些地方有缺失，继而分析讨论。

4. 故事排序(1)

考察要点：能读懂故事性文本，理解不同语段间的逻辑关系；能就一定主题展开讨论，并表达个人观点；能复述故事。

技能训练：阅读，口语。

水平：初、中、高级。

时间：15~20 分钟。

准备：选取一段故事文本(故事、新闻事件、日记等均可)，以句或段落为单位拆分成 6~8 个部分，将各个部分打印在不同的纸条上。

☞**活动过程：**

1. 教师将学生分成 6~8 人小组，围成圈，将故事文本纸条按乱序分发给组内学生，一人一张。

2. 每位学生依次朗读手中的文本。全部读完后，组员互相讨论故事情节，对文本进行排序，并依据文本顺序重新调整组员所站的位置。讨论过程中，大家不能互看对方文本，只能通过语言交流解决问题，如互相提问或要求其他组员重新朗读文本等。大家形成统一意见后，最终确定各个组员的位置。

3. 学生讨论完毕后，教师大声朗读故事原文。各组检视自己的排序，排序错误的组员则迅速调整所站位置。

4. 最后，各组依序讲述故事。

☞**技巧及建议：**

故事文本的长度依据学生的水平来确定。初中级水平的学生选择 6~8 段的文本，尽量以单句为单位进行切分。高级水平的学生可以选择 8~10 段的文本，可以以句为单位，也可以以多句或段落为单位。

5. 故事排序(2)

考察要点：能读懂话题熟悉的描述性或叙述性短文，抓住关键信息，找到语段间的意义关联；能就一定话题进行讨论，并表达个人观点。

技能训练：阅读，口语。

水平：初、中、高级。

时间：5~10 分钟。

准备：选取一段文本(课文选段、故事选段、新闻选段、诗歌等)，将其分割成若干部分，剪裁成纸条，打乱顺序放入信封或文件袋，根据学生人数准备数套。

☞**活动过程：**

1. 将学生分成 3~4 人小组，各组分发一个装有乱序排列的文本纸条的信封。学生阅读纸条文本，互相讨论，并给文本进行排序。

2. 全班交流，各组朗读排序后的文本。如有意见分歧，大家一起讨论排序的依据及线索，教师点评指导。

6. 汉字接力

考察要点：掌握汉字构形规律；掌握常用汉字部件；掌握常用汉字的书写。

技能训练：书写。

水平：初、中、高级。

时间：5~10分钟。

准备：部件例字。

☞**活动过程**：

1. 将学生分成5~6人小组。根据组数，教师将黑板分成若干部分，编上序号，每组对应其中一块。

2. 教师给每组分配一个不同的汉字部件，如"讠""亻""木""辶"等。要求每组学生以接力的形式，在规定的3分钟时间内，尽可能多地写下含有该部件的汉字。各组分开排列，前一位学生写完后，迅速回到队伍，将粉笔传给下一位同学。如有学生遇到书写困难，同组组员可用语言帮助提醒，但不能代替书写。

3. 时间到后，停止书写。教师检查每组完成的汉字的数量及正确性，正确汉字最多的小组获胜。

☞**变化形式**：

教师带领学生进行同类词语复习，如：动作、职业、动物、水果等，让学生在黑板上尽可能多地写下相关词语，活动流程与前面一致。

第九节　动作活动

1. 我说你做

考察要点：能利用身体动作帮助语言记忆；掌握身体部位词语；掌握把字句；掌握"了"的用法。

技能训练：听力，口语。

水平：初、中级。

时间：15~20分钟。

准备：无。

☞**活动过程**：

1. 教师先带领学生回顾学过的身体部位词语，如："鼻子""嘴巴""眼睛""眉毛""手""大腿""小腿"等。

2. 选一位志愿者站到教室前边，根据教师的指令做动作。如：

把左手放在鼻子上。
把右手放进口袋里。
把左脚放在椅子上。

3. 该学生做完动作后，保持姿势不变，要求其他同学描述他动作的变化。如：

小林把左手放在鼻子上了。
小林把右手放进口袋里了。
小林把左脚放在椅子上了。

4. 再选一位志愿者，重复刚才的活动。

☞**变化形式：**

1. 预热活动，老师说出简单指令，所有学生根据指令做相关动作，如："把课本拿出来""在纸上写下你的名字""把手机递给你的同桌"等，帮助学生熟悉可能会用到的动词及相关结构。

2. 选取一名志愿者，要求他根据教师的指令做连贯的动作。如：

请离开座位，走到前面来，在黑板上写下你的名字，把教室门打开，关掉电灯，走到第三排座位，坐在 A 同学的旁边。

3. 将学生分成 2 人小组，一人发布指令，一人做动作。教师在旁边观察并指导。

4. 分组演示。

2. 你在前我在后

考察要点：掌握日期的表达；掌握方位的表达；掌握特殊疑问句。
技能训练：口语，听力。
水平：初级。
时间：5~10 分钟。

☞**活动过程：**

1. 所有学生站在教室中间，要求他们互相询问生日，然后根据日期的前后排成一列。如：

学生A：你的生日是哪一天？
学生B：7月20号。你呢？
学生A：我是5月11号。我在前边，你在后边。

2. 学生排成队列后，要求他们说出前后同学的生日。如：

他的生日是5月11号。她的生日是8月3号。

☞**技巧及建议：**

如果同学之间还不是很熟悉，也可以要求学生询问收集更多的信息，如姓名、爱好等，加强了解，促进情感。

3. 我是演员

考察要点：能利用身体动作帮助语言记忆；能听懂一般的指令；能就一定事件表达个人观点。

技能训练：听力，口语。

水平：初、中级。

时间：20~25分钟。

准备：设计表演文本。

☞**活动过程：**

1. 挑选一位志愿者，要求学生假想自己是一名演员，站在舞台上，根据导演(教师)口述的剧本进行表演，如：

下午六点，你下班回家，用钥匙打开门，走进客厅，把背包放在沙发上，拿起杯子，倒一杯水，全部喝光，打开窗，看远处的风景，从口袋拿出手机，看朋友发来的短信，看完后打电话叫了一份外卖，走回沙发，很舒服地坐下，用遥控器打开电视。

2. 志愿者表演完后，其他学生点评，哪些动作做得很好，哪些动作做得不对。

3. 让学生离开座位，分成3~4人小组。每组一人担任演员，其他人担任导演。表演流程与前面一致。担任导演的学生可以先简单商议，之后再发布指令。

4. 演练完后，每组展示，教师点评，全班选出最佳演员。

4. 我说你走

考察要点：能发布一般指令；能听懂一般指令；掌握“把”字句；掌握趋向补语。

技能训练：口语，听力。

水平：初、中级。

时间：10~15分钟。

准备：一个纸盒，一个小球(乒乓球、网球均可)，一个眼罩。

☞**活动过程**：

1. 找一个比较开阔的场地，学生围成一个大圈。选出两名志愿者，告知学生活动的目的是学会发布指令和理解指令。要求一人发布指令，另一人蒙住双眼，并在指令帮助下将球放进纸盒中。

2. 活动开始后，先播放一段音乐，蒙住双眼的志愿者在原地缓慢转圈。此时，其他同学将纸盒和球分别放在两个相隔较远的地方。教师停放音乐，蒙眼的同学停止转圈。另一志愿者开始发布指令，帮助他完成放球任务。如：

> 先向后转，慢慢往前走，继续走两步，向左转，球就在你面前。把球拿起来，向右转，往前走五步，停下来，蹲下来，纸盒就在地上，把球放进去。

3. 活动进行多轮，尽可能多地让不同学生参加。

☞**技巧及建议**：

播放音乐的目的是为了控制蒙眼志愿者自转的时间，尽量混淆他的方位感觉，增加难度。

5. 动作猜词

考察要点： 能用表情、动作等非语言手段进行有效交流；掌握相关词语。
技能训练： 口语，阅读。
水平： 初、中、高级。
时间： 10～15 分钟。
准备： 将要复习的词语制作成词语卡片(10～15 张)。

☞**活动过程：**

1. 将学生分成 3～4 人小组，每组分发一套词语卡片。
2. 词语卡片面朝下摆放。第一位学生先拿一张卡片，看完后，用动作模仿的方式(可以模仿声音，但不能使用语言)阐释卡片上的词语，其他同学猜测。猜出后，第二位学生继续拿卡片，活动流程与第一位学生相同。
3. 最先猜完所有词语的小组获胜。

第十节 调查活动

1. 问卷调查(1)

考察要点： 能就熟悉话题与他人沟通；掌握频率副词的用法("经常""常常""有时""不常""很少""从不")；掌握收集和分析汉语数字信息的方法。
技能训练： 听力，口语，书写。
水平： 中、高级。
时间： 15～20 分钟。
准备： 制作调查表(表 5-16)。

表 5-16　　调查表

……，你会做什么?	被访人 1：	被访人 2：	被访人 3：
高兴的时候，……?			
不开心的时候，……?			
紧张的时候，……?			
很疲惫的时候，……?			

☞**活动过程：**

1. 教师将调查表发给每个学生。

2. 教师先引导学生回答下列问题，如：高兴的时候，你会做什么？要求学生使用频率副词“经常、常常、有时、不常、很少、从不”等来回答问题。学生的回答可能是这样：

高兴的时候，我经常去看电影。
高兴的时候，我有时去运动，有时去喝咖啡。
高兴的时候，我从不喝酒。

3. 学生先在第一列表中写下自己的名字和相关回答，接下来继续采访其他同学，完成后两列调查。

☞**活动拓展：**

根据学生的语言能力，调查完以后，可以进行全班的调查统计，看看在相同情绪下，大部分人都会做什么，不会做什么。也可进一步讨论相关原因。

☞**变化形式：**

教师也可以通过问卷星、poll everywhere 等网站制作调查问卷，学生使用手机进行回答，这样可以实时统计相关数据。在数据分析基础上，教师和学生进行较深入的讨论。

2. 问卷调查(2)

考察要点：掌握一般疑问句；掌握“过”的用法。
技能训练：口语，听力。
水平：初、中级。
时间：10~15 分钟。
准备：制作调查表(表 5-17)。

☞**活动过程：**

1. 教师把问卷分发给学生。学生完成问卷内容，看看自己曾做过哪些事情，写下自己的名字。

表 5-17　　　　**调　查　表**

你做过……吗?	姓名
去北京	
开飞机	
学法语	
骑摩托车	
修电脑	
吃火锅	
爬长城	

2. 完成后，学生在教室走动，自由交谈，通过提问了解其他同学的生活经历。如：

你去过北京吗?
你开过飞机吗?
你吃过火锅吗?

如果同学做肯定回答，就记下他的名字。

3. 调查完毕后，学生公布调查结果。

3. 最值得去的中国城市

考察要点：能简单描述熟悉的城市的特点；能就一定话题表达个人观点，陈述个人理由；掌握比较句。

技能训练：口语。

水平：中、高级。

时间：20~25 分钟。

准备：最值得去的中国城市排序及评价表(表 5-18)。

表 5-18　　　　**最值得去的中国城市**

	No. 1	No. 2	No. 3	No. 4	No. 5
城市名					
原因					

☞**活动过程：**

1. 将学生分成3~4人小组，每人分发一份城市排序及评价表，要求学生先独立完成自己的表格。按照从高到低的等级顺序，学生将自己认为最值得去的中国城市依次填入表格，并将选择的原因以关键词或短句的形式写下来。

2. 单独任务完成后，小组交流讨论，每人说出自己的排序以及相关原因。

3. 全班统计排序结果，找出最受大家欢迎的五座城市。

☞**变化形式：**

教师可以根据学生感兴趣的话题进行主题排序活动设计，比如：健康食品排序、最佳校园出行方式排序、最好的汉语学习方法排序、最好的中国超市排序、最好的校外餐厅排序等。

4. 校园调查

考察要点：能就特定的话题进行调查设计和研究；能就特定话题与他人进行交流；能介绍个人调查研究结果，表达流利准确。

技能训练：口语。

水平：中、高级。

时间：30分钟。

准备：根据调查需要设计问卷。

☞**活动过程：**

1. 教师将学生分成4人小组，给各小组布置主题调查任务，如：中国大学生消费习惯，各组学生自行设计问卷具体内容。

2. 学生分组在校园内进行调查采访，记录采访结果，并录制采访视频。

3. 各组汇报调查结果。

☞**技巧及建议：**

每个小组可以根据自己的兴趣确定调查主题，并自行设计调查问卷。对于初、中级阶段的学生，可由教师设计制作问卷。

第十一节　侦探活动

1. 真的还是假的？

考察要点：能描述个人经历；能表达个人看法。
技能训练：口语，听力。
水平：初、中级。
时间：15~20 分钟。

☞**活动过程**：

1. 让学生用“过”写两段经历，一句为“真”，一句为“假”。如：

   我去过巴黎。
   我开过飞机。

2. 学生将句子读给其他同学听，其他同学判断。如：

   小林说他去过巴黎，我觉得是真的。
   小林说他开过飞机，我觉得是假的。

3. 造句的学生揭示答案。

☞**变化形式**：

这一活动形式可以用于很多句型的练习，如：描述职业身份等。

2. 哪句是谎言？

考察要点：能描述个人信息和经历；掌握特殊疑问句。
技能训练：口语，书写。
水平：中、高级。
时间：20~25 分钟。
准备：无

☞**活动过程：**

1. 教师选取一名志愿者，要求其在黑板上写三个句子，内容限于个人信息或个人经历，其中两个句子信息为真、一个句子信息为假。如：

(1) 我去过巴黎。
(2) 我爸爸是律师。
(3) 我家养了一只黑猫。

2. 写完后，要求台下其他学生围绕这三个句子进行提问，找出破绽从而判定虚假信息的句子。如：

从北京飞巴黎要多长时间？
你爸爸在哪个律师事务所工作？
你们家的黑猫是什么品种？

提问过程中，如果有学生已经确定哪句话是假话，那么他需举手告知自己的判断并说明判断的原因，如："我觉得第一句是假话，因为他说从北京飞巴黎只需要八个小时，但据我了解目前最快的行程是十三个小时。"

如果判断正确，该同学则成为第二个志愿者，继续下一轮测谎活动。如果判断错误，其他同学继续提问并做第二次判断。如果连续两次判断都不对，则由台上的志愿者指定一位尚未上台的学生继续下一轮活动。

3. 谁在说谎？

考察要点：能将视觉信息转化为语言信息；掌握疑问句。
技能训练：口语，听力。
水平：初、中、高级。
时间：10~15 分钟。
准备：准备五张卡片，其中四张卡片有图片内容，一张卡片为空白，分别装入五个信封。

☞**活动过程：**

1. 教师邀请五个志愿者学生走到教室前端。每人分发一个信封，抽出信封里的卡片，避免被其他人看见。

2. 抽到有图卡片的同学如实描述图片内容。抽到空白卡片的学生，必须假装卡片上有图，并虚构相关内容，尽量让台下同学相信自己所说的是真话。

3. 台下同学仔细观察和倾听，并向自己怀疑的对象提问。提问完成后，台下每位同学都指出自己最终的怀疑对象，并说明原因。

4. 五个志愿者向台下展示卡片，揭示答案。台下猜对的同学获胜，如没有人猜对，则台上持空白卡片的同学获胜。

☞**技巧及建议：**

图片的选择与设计尽量与所学课文相关，便于学生描述与提问。帮助学生提高提问技巧，指导学生尽量提细节性的问题，有助于做出正确判断。

4. 失主是谁？

考察要点：能描述个人兴趣、身份、习惯等；能就特定话题进行讨论，表达个人看法；能读懂名片、超市购物小票、饭店结账小票、电影票、火车票、海报等应用型文本。

技能训练：阅读，口语，书写。

水平：中、高级。

时间：20~25 分钟。

准备：各类小票若干份。

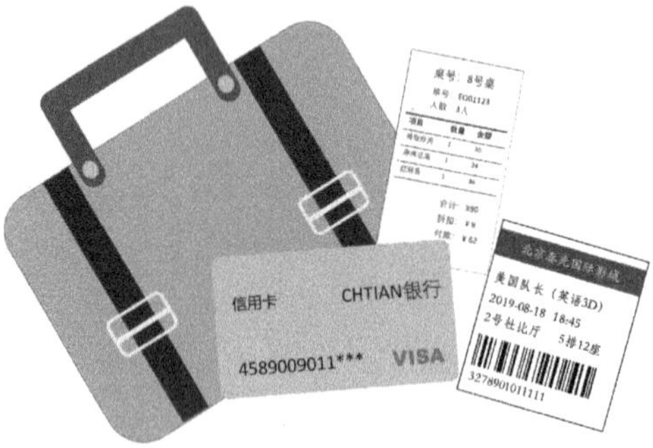

图 5-28　丢失的包

☞**活动过程：**

1. 教师进行情境预设：逛街的时候，你们捡到了一个小包，里面有：几张银行卡、超市购物小票、饭店结账小票、电影票、几张名片(非本人)、一份楼盘广告。要求学生根据这些材料，对失主的情况进行推理猜测，并写下来。

2. 教师将学生分成3~4人小组，分发材料，每组的材料不一样。小组分析讨论，将结论写下来。如：

> 他常去中百超市，喜欢牛肉和水果，喜欢吃比较辣的菜，爱看美国电影，应该从事销售工作，准备买房。

3. 各组发表看法，互相讨论。

☞**技巧及建议：**

教师应在日常生活中注意各类应用文材料的搜集，本人的或他人的，适当分类加工，可以很好地应用在教学过程中。水平高的学生可以做更细致全面的分析。

5. 寻宝活动

考察要点：能就一般话题与他人进行简单的交流；能通过提问的方式掌握所需信息；掌握疑问句用法；能读懂简单的留言、指示性文本。

技能训练：口语，阅读。

水平：初、中级。

时间：10~15分钟。

准备：一份藏宝图(图5-29)，线索纸条(表5-19)。

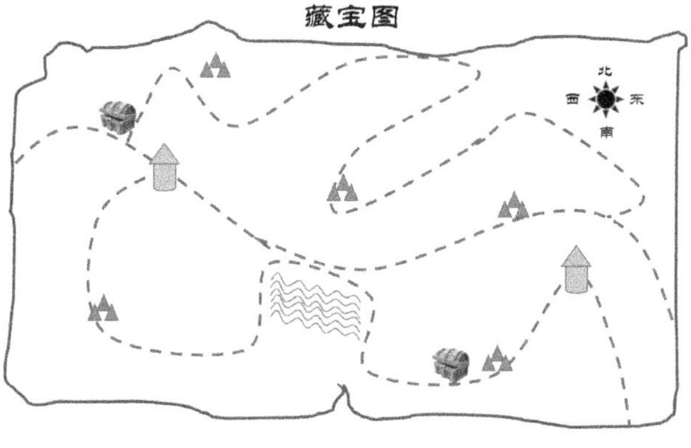

图5-29　藏宝图

表 5-19 **线索纸条**

藏宝图一线索
第一排最左边的桌子
找一位司机朋友
司机：先回答问题……线索是：去找一位法官。
法官：先回答问题……线索是：去找一位工程师。
工程师：先回答问题……线索是：最后一排座位中间的桌子。
藏宝图二线索
第二排座位最右边的桌子
找一位医生
医生：先回答问题……线索是：去找一位律师。
律师：先回答问题……线索是：去找酒吧老板。
酒吧老板：先回答问题……线索是：讲台中间。
藏宝图三线索
找杂货店老板
杂货店老板：先回答问题……线索是：第三排座位最右边的桌子。
找一个有自行车的人
有自行车的人：先回答问题……线索是：找一位百万富翁。
百万富翁：先回答问题……线索是：在我的口袋里。

☞**活动过程：**

1. 教师进行情景预设：有一份古代的宝藏地图，藏宝者将其分成了三份，分别藏在三个不同的地点。有三位寻宝者分别得到了三份地图的线索，他们将根据线索找到地图。选出三名志愿者，告知他们的任务是根据线索找到宝图。

2. 准备阶段，志愿者先到教室外等候。教师在教室内布置线索，将线索纸条放在特定位置或特殊身份人物手中。特定位置可以是教室内的任意位置，如：抽屉里、讲台上、椅子下等地方。特殊身份人物，如：司机、法官、工程师等，由教室内的同学扮演，在老教师随机分发的线索纸条上有注明，这意味着只有拿纸条的同学知道自己的身份。

3. 活动开始，三位寻宝者同时入场。教师给他们第一个线索，如第一位寻宝者会拿到"第一排最左边的桌子"，他会在相关位置找到第二个线索，如

"找一位司机朋友"。此时，寻宝者不知道线索人物"司机"是谁，他必须一个一个询问，找到线索人物之后，他将得到下一个线索。最终，寻宝者会根据线索链找到自己那份藏宝图。

4. 三位寻宝者都寻到藏宝图后，将其拼合起来，活动结束。

☞**技巧及建议：**

在设置特殊身份人物的时候，尽量将所有同学放进去，让大家都成为藏宝活动的一部分。为提高难度，很多线索人物在给出线索之前，会让寻宝者回答问题，这些问题由线索人物随机提出，回答正确后方可提供下一线索。这一设计也是为了让学生更多地说话，有更多交互机会。

第十二节 图片活动

1. 匹配图片

考察要点：能将视觉信息转化为语言信息；能描述事物间的不同；掌握存在句。

技能训练：口语，听力。

水平：初、中级。

时间：10~15 分钟。

准备：根据学生人数准备多张图片，一式两份，图片需与已学课文内容相关。

☞**活动过程：**

1. 图片顺序打乱，学生随机抽取图片，防止图片被他人看到。
2. 学生在教室随意走动，通过交流找到另一张一样的图片。如：

学生 A：我的图片是，一只猫睡在椅子上。
学生 B：我的没有猫。只有一张桌子。
(换人交流)
学生 C：房间里有一把椅子，椅子上有一只猫在睡觉。
学生 A：对，我的也是一只猫睡在椅子上。

3. 图片全部匹配完后，拿相同图片的同学结为一组，每组依次介绍自己所拿图片的内容。

☞**变化形式：**

1. 准备两组相同的图片，一组放在教师手中，另一组分发给学生，每人一张。

2. 教师大声描述手中的图片。如：

> 电视机放在桌子上面。
> 桌子下面有一只黑色的猫。
> 椅子旁边有一个足球。

3. 根据教师的描述，学生比对手中的图片，如果匹配成功，学生把手中图片交给教师。

4. 所有图片匹配完成后，结束游戏。

2. 找不同

考察要点：能描述事物的不同特征；掌握比较句；掌握存在句。

技能训练：口语。

水平：初、中高级。

时间：15~20 分钟。

准备：设计若干组图片，同一组的两张图片存在 3~5 处差异，制作成幻灯片。

☞**活动过程：**

1. 将全班学生分成 A、B 两组。

2. 教师通过投影展示第一组两张图片，先由 A 组同学自由举手发言，找出两张图片的差异，图片差异只能用语言具体描述。如图 5-30：

> 两个人的头发不一样。A 的头发是棕色的，B 的头发是黑色的。
> A 戴了眼镜。B 没有戴眼镜。
> A 的衣服是咖啡色的。B 的衣服是蓝色的。

图 5-30　找不同

描述准确到位才能通过。不同全部找出后，教师记录 A 组同学所用时间。

3. 展示第二组图片，由 B 组同学继续同样过程。老师记录用时。

4. 经过几轮比赛后，总用时少的小组获胜。

☞**技巧及建议：**

1. 因为时间限制，学生的表述可能出现不完整的情况，教师应该严格要求，允许组内同学互相帮助，以达到表述的准确性。

2. 图片设计非常重要，图片的内容应该由语言考察点来决定。

3. 哪里有变化？

考察要点：能描述事物或状态的变化；掌握存在句；掌握“了”的用法(完成、变化)；掌握结果补语；掌握被动句。

技能训练：口语，书写。

水平：初、中级。

时间：15~20 分钟。

准备：几组对比图片(图 5-31)。

☞**活动过程：**

1. 教师将学生分成 3~4 人小组，分发一组图片。

2. 小组对比、讨论两张图片(A 图到 B 图)的变化，秘书将其写下来。如：

图 5-31　哪里有变化

三明治吃光了。

咖啡喝完了。

叉子被放在了右边。

橙子吃了一半儿。

餐巾纸只剩一张了。

3. 讨论完后，小组依次发言，教师进行点评纠错。

4. 各小组继续第二组图片的讨论，程序一致。

☞**技巧及建议：**

这个活动涉及的语言点较多，教师可以提前将相关句型、补语类型、补充词汇进行预热，帮助学生顺利完成活动。

4. 漫画故事(1)

考察要点：能将视觉信息转化为语言信息；能叙述简短的故事；能就一定主题展开讨论，表达自己的观点；能记录听到的句子。

技能训练：口语，书写。

水平：中、高级。

时间：15~20 分钟。

准备：从杂志或网络上选择合适的六格漫画，将漫画分格剪开，打乱顺序，准备多套。

☞**活动过程：**

1. 将学生分成 3~4 小组，每组分发一套乱序漫画。
2. 小组成员讨论分析画面内容，并排序。
3. 按顺序叙述漫画故事，秘书将所有描述记录下来。
3. 每组分享自己的故事，讨论哪种顺序和描述最合理。

☞**技巧及建议：**

绘本、漫画小说等可视化文本可灵活应用于语言教学之中，其图画式的展示方式可以营造情景，引导学生进行故事叙述以及模拟角色对话。漫画图片可从绘本读物中选取，也可以自己绘制。选择或设计漫画时，应考虑学生当前水平。教师也可在练习前适当补充相关主题词汇，保证语言输出的顺利。

5. 漫画故事(2)

考察要点： 能听懂简短的叙述性故事；能读懂简短的叙述性信息，发现语段间的逻辑语义关联。

技能训练： 听力，阅读。

水平： 中、高级。

时间： 15~20 分钟。

准备： 从杂志或网络上选择合适的六格漫画，将漫画分格剪开，打乱顺序；每格漫画对应的故事文本剪成独立的纸条，也打乱顺序。

☞**活动过程：**

1. 将学生分成 3~4 人小组，每组分发一组剪开的乱序漫画图片。
2. 教师大声讲述故事内容，各组据此为各图片排序。
3. 排序完成后，教师将乱序的故事文本纸条分发给各组学生。学生继续为文本排序，并将其放在对应图片旁边。
4. 教师再次讲述故事，学生核对图片与故事文本是否排序正确。

6. 我说的是哪张图？

考察要点： 能听懂简短的描述性语句；能将视觉信息转化为语言信息。

技能训练： 口语，听力。

水平： 初、中、高级。

时间： 10~15 分钟。

准备：根据课文内容准备图片，制作成幻灯片，每个页面八张，编上序号。

☞**活动过程**：

1. 展示幻灯片，教师首先示范，用几句话描述其中一张图片的内容，学生判断并说出是哪一张图片。

2. 接下来，挑选一名志愿者，采用教师的方法任意描述一张图片，其他同学进行判断。任务完成后，换另一名志愿者继续描述。

3. 词语全部复习完毕后，活动结束。

☞**变化形式一**：

将学生分成3~4人小组，将印有多张图片的材料分发给每个学生。组内一位同学描述，其他同学猜测判断。活动中，不断轮换角色。

☞**变化形式二**：

给学生展示一幅画(画面人物众多)，教师先示范，描述其中一个人物，学生寻找并判断。继而将学生分成2人小组，描述与判断两种角色轮换进行演练。

7. 假日留影

考察要点：能将视觉信息转化为语言信息；能描述个人的活动和经历，表达清楚、连贯。

技能训练：口语。

水平：中、高级。

时间：15~20分钟。

准备：准备12张不同场景的旅游图片，分制成A、B两组PPT幻灯片。每组幻灯片各包含6张场景图片，分页显示。

☞**活动过程**：

1. 将学生分成2人小组。先展示A组幻灯片的6张图片，设置幻灯片自动播放，每张图片间隔30秒，A同学用30秒时间描述每一张图片，要求学生把图片内容想象成自己或熟人的亲身经历。如：

> 这是我的朋友珍妮和杰米。他们非常喜欢骑摩托车旅行，这张图片是他们在美国加州一号公路拍的。两个人骑累了，把摩托车停在公路旁边，

一边聊天一边欣赏大海的风景。

2. A 组幻灯片播放完后，由 B 同学来描述 B 组幻灯片图片内容，过程与前面一致。

3. 第一轮描述完成后，将所有 A 位置的同学依座位顺序调到下一组，每组形成新的搭档。

4. 开始第二轮描述，将幻灯片间隔时间调为 20 秒。学生重复先前的活动，即 A 同学描述 A 幻灯片，B 同学描述 B 幻灯片，但速度要比第一轮快，需在 20 秒内完成一张图片的描述。

5. 两轮活动完成后，选择两组同学进行展示。

☞**技巧及建议：**

这一活动对学生要求较高，需在很短时间内组织语言描述画面内容，教师在选取图片的过程中尽量选取内容相对熟悉且人物活动较多的图片素材。这一活动可以重复多次，相同素材也可以反复使用，随着对细节观察的深入，描述也可以越来越精细。

8. 比比看，一样吗？

考察要点：能描述并比较事物的不同特征(形状、颜色、位置、大小、动作、外貌等)；掌握相关词语；掌握比较句。

技能训练：口语。

水平：初、中、高级。

时间：10~15 分钟。

准备：A、B 两组对应漫画图片(表 5-20)。

表 5-20　**比　比　看**

A				B			
1			□	1		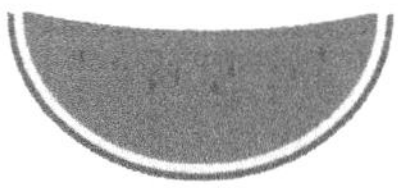	□

续表

A				B			
2			□	2			□
3			□	3			□
4			□	4			□
5			□	5		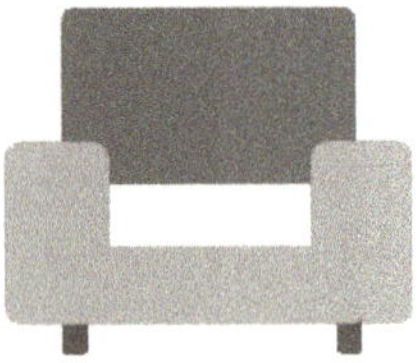	□

☞**活动过程：**

1. 将学生分成 2 人小组。教师将准备好的漫画图片分发给每位同学，组内两人分别拿 A、B 两组图片。学生的任务是通过语言描述来甄别同一序号下的两张图片是否相同。彼此不能让对方看到自己图片的内容。

2. 图片前带图案的同学先开始描述图片内容。如：

学生 A：有一辆自行车，黄色的。
学生 B：我的自行车是蓝色的。

两人可以判断两张图片不一样，因此在□中画✕。

3. 全部判断完毕后，两人比对 A、B 组图片，校对先前判断是否正确。

☞**技巧及建议：**

两组漫画之间的不同往往是细节特征的不同，因此要求学生除了描述主体对象外，还要描述出对象的主要特征，比如，“自行车”是主体对象，“蓝色”是自行车的主要特征。

9. 图景还原(1)

考察要点：能将视觉信息转化为语言信息；能听懂一般性介绍的基本信息；掌握存在句。

技能训练：口语，听力。

水平：初、中级。

时间：10~15 分钟。

准备：准备同一张图片的 A、B 两个不同版本，A 为完整图片，B 为不完整图片。B 图中缺少的部分制作成可粘贴的元件。根据学生人数准备若干套。

☞**活动过程：**

1. 将学生分成 3~4 人小组，每组选出一人作为该组的叙述人。

2. 选定后将图片 A 发给叙述人。图片 A 为叙述人专有，其他人不能看图片 A 的内容。将图片 B 及需要粘贴的素材元件分发给其他组员。

3. 叙述人的职责是根据图片 A，描述图片 B 中缺失对象所在位置。如：

小猫躺在桌子下面。
鸡蛋放在桌子上。
书包放在沙发上。

4. 根据叙述人的描述，其他组员将相关组件图片粘贴在图片 B 的相关位置。

5. 全部粘贴完成后，比对图片 A 和图片 B，看看贴的位置是否正确。同时，负责粘贴的学生再次描述相关物品的位置。

10. 图景还原(2)

考察要点：能将视觉信息转化为语言信息；能听懂一般性介绍的基本信息；掌握存在句。

技能训练：口语，听力。

水平：中、高级。

时间：15~20 分钟。

准备：设计一份街景图，分成两类素材备用：一份是原图，一份是剪切下来的街景图部件。

☞**活动过程**：

1. 将学生分成 2 人小组。一人拿到街景原图，一人拿到切分开的拼图部件。
2. 拿到原图的 A 同学向拿拼图部件的 B 同学描述完整图片内容。如：

> 图片左上方有一个超市，超市门口有人在卖冰激凌。超市右边有一个咖啡馆，咖啡馆外边有两个人在喝咖啡。图片中间是一个喷泉，旁边有三个小孩子在玩耍。

根据描述，B 同学将拼图部件放到正确位置。

3. 全部完成后，两图进行对比。

11. 城市地图

考察要点：能通过提问获取自己所需信息；掌握疑问句；掌握存在句。

技能训练：口语，听力。

水平：初、中级。

时间：15~20 分钟。

准备：城市地图设计成 A、B 两个不同版本(均有街道名、地名、建筑物名的缺失，但信息互补，图 5-32，图 5-33)。

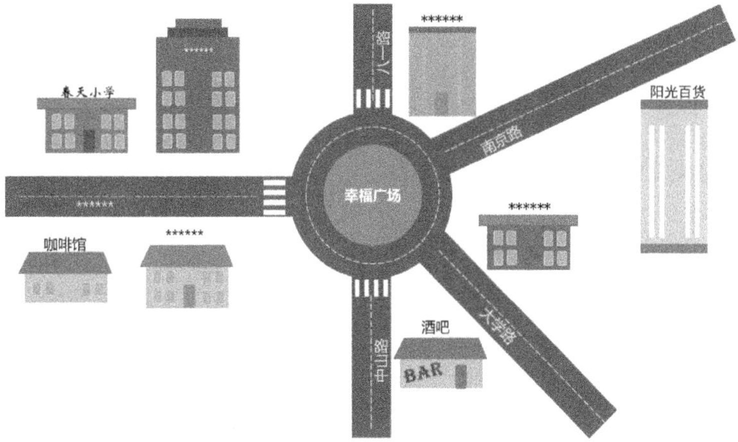

图 5-32　城市地图(A)

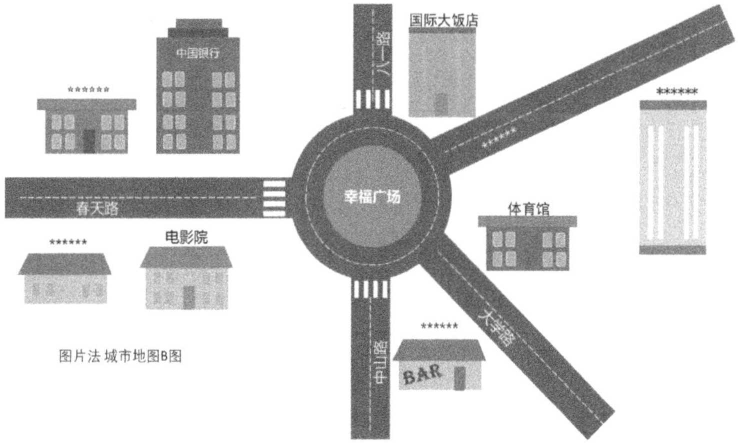

图 5-33　城市地图(B)

☞**活动过程：**

1. 将学生分成 2 人小组，然后将地图分发下去。同一组的两人分别拿 A、B 不同的版本，不能让对方看到自己的地图。

2. 活动开始，两人通过对话将地图中缺失的信息补充完整。如：

体育馆前面那条路叫什么名字？

电影院旁边是什么？

大学路左拐是什么路？

3. 所有缺失信息补充完毕后，两人将地图比照查对，看看自己的是否准确。

12. 搜集标志

考察要点：能将视觉信息转化为语言信息；能用简单的句子描述符号的意义；能就某一话题进行讨论，陈述自己的理由。

技能训练：口语。

水平：初、中级。

时间：20~25 分钟。

准备：无。

☞**活动过程**：

1. 教师提前一周给学生布置搜集标志(3~4 个)的任务。教师用图例示范标志搜集的范围，如：交通道路标志、餐厅标志、图书馆标志、商场标志、门店招牌、标语以及公共场合比较显著的语言文字信息等。学生先用智能手机将自己感兴趣的标志拍下来，弄清楚其意义后用文字记录下来，整理成“图片+文字”的文稿。

2. 搜集工作完成后，在课堂上，将学生分成 3~4 人小组。学生先组内分享自己搜集到的标志，阐释标志的意义以及自己搜集这个标志的原因，如图 5-34：

图 5-34　交通标志

这是一个三角形的交通标志，黄色的底，黑色的线，中间有一个人从斑马线上走过，这个标志用于提醒司机开车减速慢行、注意行人。我选择这个标志是因为它在学校很常见，可以保障行人的安全。

3. 组内讨论完成后，所有学生将整理好的标志文稿张贴在教室的白板或墙上。学生随意走动，观看他人搜集的标志并讨论。

13. 心中的图片

考察要点：能将视觉信息转化为语言信息；能听懂一般性介绍的基本信息。

技能训练：口语，听力。

水平：初、中、高级。

时间：15~20 分钟。

准备：若干套图片卡片，每套卡片数量为 15 张。

☞活动过程：

1. 将学生分成 3~4 人小组，围成圈，每组分发一套词语卡片。

2. 卡片面朝上分开摆放，可以是散射状排列，也可以是 3 * 5 形式排列。第一位学生从诸多卡片中任选一张，记在心中，描述图片内容，其他同学要猜出他/她选中的图片是哪一张。有了答案的同学先要指出具体是哪张图片，还要复述前面同学的描述，如：

> 我觉得是这一张，一个长头发的女孩，穿着蓝色的裙子，坐在公园的椅子上。

如果回答正确，这位同学将该卡片收下，下一位同学继续描述其他图片。如果回答错误，其他同学继续猜测，该同学此轮不能再加入竞猜。

3. 卡片全部猜完后，游戏结束，获得卡片最多的学生获胜。

☞变化形式：

1. 教师将竞猜的图片制作成 PPT 幻灯片。每次选择两位志愿者。流程是：一位志愿者面向屏幕，从幻灯片上选定一张图片后，描述其内容，另一位志愿者先背对屏幕，听完描述后，转过身来面向屏幕，回忆并复述前面同学的描述，并选定图片。猜出来后，两人互换角色。全班同学轮流充当志愿者。

2. 针对高级水平的汉语学习者，教师可以选用较为抽象且辨识度相对较低的艺术图片，增加描述与理解的难度，活动流程不变。

14. 看图猜对话

考察要点：能将视觉信息转化为语言信息；能就一般性话题与他人进行简单的交流(寒暄、约会、谈生活工作等)；能记录一般性话题的简单交流信息；能看懂一般性话题交流信息。

技能训练：口语，听力，书写。

水平：初、中、高级。

时间：10~15分钟。

准备：包含人物对话场景的图片。

☞**活动过程**：

1. 教师展示图片，要求学生讨论分析如下问题：这是在什么地方？现在是什么时间？他们是什么人？在做什么？接下来会发生什么事情？
2. 讨论完后，将学生分成2人小组。根据图片场景，为图片中的人物设计对话，将对话内容写下来。
3. 各组表演展示对话，选出设计最合理的小组。

☞**变化形式**：

1. 将学生分成2人小组，每组分发一张不同的图片。
2. 学生根据图片内容设计一段对话，写在统一分发的空白卡片上。
3. 教师将各组的图片及写好的对话卡片收回来。图片粘贴在黑板上，对话卡片随机分发给各组同学(避免学生拿到自己所写的对话)。
4. 学生到黑板前，通过对话文本寻找匹配的图片，找到后，交给教师确认。

15. 标签图片

考察要点：能将视觉信息转化为语言信息；能用恰当的词语描述事物的主要特征。

技能训练：书写，口语。

水平：中、高级。

时间：10~15分钟

准备：若干张不一样的图片，记事贴。

☞**活动过程：**

1. 将学生分成3~4人小组，每组分发一张图片，各组图片不一样。

2. 各组学生根据图片内容及风格特点，为该图片添加5~10个标签，写在记事贴上，贴在图片下面，如图5-35所示。

图5-35　标签图片

3. 各组讨论完后，将图片和做好的标签贴在教室内的白板或墙上。学生任意走动，观看其他组的图片标签。如有自己的想法，所有同学都可以用不同颜色的记事贴将新的标签写下来，贴在图片的旁边。

16. 用相机记录世界

考察要点：能描述日常生活中常见的活动或个人经历；掌握相关主题词语；掌握有效的复习词语的学习策略。

技能训练：口语。

水平：初、中、高级。

时间：20~25分钟。

准备：将需要学习或复习的词语列表（10~15个）制作成幻灯片，学生携带可拍照智能手机，组建班级网络交流平台（微信群、QQ群等），教室可无线上网。

☞**活动过程：**

1. 教师展示词语列表，如："书包、钱包、铅笔、窗、手机、外套、皮鞋、抽屉、黑板、粉笔、投影仪、空调、电灯、开关、锁"等，告知学生这些词语代表的事物在教室里都可以找到，遇到不懂的词语可以查词典。

2. 学生离开座位随意走动，找到对应事物后，用自己的手机将其拍下来，并快速发送到班级交流平台，最先完成15个词语拍照任务的学生获胜。

3. 教师回顾学生所拍照片，与学生一起选出拍得最好的15张(对应15个词语)。经得拍照者同意后，安排学生课后利用这些照片制作成词语卡片。

☞**变化形式一：**

1. 布置预习作业，要求学生从日常生活中取景，完成五种水果、五种蔬菜、五种运动的拍照任务，并制作成词语卡片，为课堂活动做准备。

2. 课堂上，学生展示自己的词语卡片。其他学生可以提问，包括价格、购买地点、味道、运动时间等。

此形式更适用于初、中级学生。

☞**变化形式二：**

学生选择一张自己喜欢的照片，介绍照片拍摄的时间、地点以及背后的故事，并与其他同学讨论交流。

☞**技巧及建议：**

这个活动设计旨在为学生提供一种词汇学习的方法。在实际生活中，学生往往会发现课本内的词语远远不够用。因此，从日常生活中学习并积累词语是一种非常有效的方式。遇到说不出名字的物品、标志、标牌等，学生们可以先拍下来，然后通过查词典或与中国人交流的方式弄清楚它的意思，写下来，最后将照片与对应词语或说明整合在一起，做成词语卡片，变成自己独特的学习资料。

17. 今昔对比

考察要点：能描述人或事物的变化；掌握比较句。

技能训练：口语，听力。

水平：初、中级。

时间：10~15分钟。

准备：多组对照图片(同一地点在不同时期的照片，或同一人在不同年龄的照片，照片有显著或细小变化）。

☞**活动过程：**

1. 教师用投影仪展示两张对比照片，如："十年前的武汉"与"今天的武汉"。学生描述两张图片的异同，他们可能会说：

摩天大楼越来越多了。
汽车越来越多了。
风景越来越美了。

2. 将学生分成3人小组，组内每位学生都描述自己观察到的周边环境的变化。如：

宿舍门口的广告越来越多了。
学校门口新开了一家快餐店。
教室换了新空调。

☞**变化形式：**

1. 每位学生准备2~3张自己以前的照片（幼儿园、小学、中学的照片最佳，相貌变化比较大），将电子版照片提前发送给老师。老师将学生的照片混合排列在一起，制作成幻灯片，并将照片分张打印出来。

2. 课堂上，要求学生说出照片上的人是谁，并找出属于同一人的所有照片。分类时，照片本人不参与，分类完成后，照片本人确认正误。

3. 分成3~4人小组。老师将组内成员的照片分发下去，大家互相讨论照片上人的变化，如：

他变胖了，以前很瘦。
他的头发越来越少了。
她越来越漂亮了，头发也长长了。

18. 拼故事

考察要点：能将视觉信息转化为语言信息；能听懂并找到不同语段间的逻

辑语义关联；能叙述简短的故事。

技能训练：口语，听力。

水平：中、高级。

时间：15~20分钟。

准备：多个故事的图片，每个故事对应四张图片，图片混合在一起。

☞**活动过程：**

1. 教师将故事图片分发给每位学生，每人一张，告知学生，他们的任务是通过交谈找到同一故事的其他图片，组成完整故事。

2. 学生离开座位，寻找故事其他图片。在匹配图片的过程中，双方均不能展示自己的图片，只能通过语言描述进行匹配。

3. 同一故事的图片全部找齐后，学生根据图片内容进行排序，最后对整个故事进行完整叙述。

4. 全班分组展示。教师揭示图片故事答案，进行评价。

☞**技巧及建议：**

故事数量由学生人数确定，每个故事至少由四张及以上图片构成。

19. 博物馆活动

考察要点：能读懂简短的介绍性材料；能就一般性话题进行讨论，表达个人看法；掌握有效的语言学习策略。

技能训练：阅读，口语。

水平：初、中、高级。

时间：15~20分钟。

准备：提前拍摄博物馆展览照片，制作任务清单(图5-36)。

☞**活动过程：**

1. 在进入博物馆前，教师将学生分成4人小组。分发任务清单，要求学生按照文本描述在博物馆中找到任务清单上的对应物品。

2. 学生分组活动，仔细阅读文本后，小组一起寻找清单物品。

3. 学生找到对应物品后，用手机拍下来，并在任务清单上确认画✓。

4. 所有物品找齐后，小组向教师展示物品照片。确认任务完成后，教师颁发奖品。

博物馆活动：请找到下面的插画

1. 四匹彩色的马在奔跑，上面有彩色的鸟儿在飞。（　）
2. 四只大熊猫（　）
3. 汉字“字”。（　）
4. 两上女孩在草地上画画，草地上有一只鹿。（　）
5. 一个穿绿色衣服的男人站在楼房前，手里捧着一只红色的壁虎。（　）
6. 五只鸟儿停在一棵树上。（　）
7. 人、大象、马、狗、猫、老鼠、猩猩。（　）
8. 身上长着一棵树的斑马在飞。（　）

规则：

1. 找到图片后用手机拍下来，并在（　）里打√。
2. 找到三幅即可兑换小礼品。

图 5-36　任务清单

☞**技巧及建议：**

参观博物馆是最为常见的留学生语言实践活动之一。除了学习和了解中国文化，教师也可以将语言活动与文化参观活动结合起来。本活动设计为参观现代插画展览。教师从众多插画中选取数张有一定辨识度的作品，用一到两句汉语进行特征描述，再让学生据文字描述找到对应插画。这既可以帮助学生用语言去思考画面，又可以利用画面帮助学生记忆和理解语言。多模态的语言学习形式可以培养学生日常语言感知的灵敏度。语言活动形式可以根据展品内容来进行调整。

第十三节　表格活动

1. 我的日程表

考察要点：掌握询问打算、与他人约定的表达；掌握表态度、观点、愿望的动词；能用简单的词语记录信息。

技能训练：口语，听力，书写。

水平：初、中级。

时间：10～15 分钟。

准备：提前设计并打印好空白日程表(表5-21)。

表5-21 **日 程 表**

	星期一	星期二	星期三	星期四	星期五	星期六	星期日
上午							
中午							
下午							
晚上							

☞**活动过程**：

1. 教师将空白日程表发放给学生，要求他们在不同时间段至少填写十个安排。安排可以使用简写形式，如："上课""还书""看电影""踢球"等。

2. 学生两两交流，询问对方日程安排，在彼此空余时间约定一次见面，他们的交流可能是这样的：

A：你这周三上午有时间吗？我们一起去踢球吧。
B：我周三上午要上课。
A：你周四下午打算做什么？
B：周四下午我没安排，可以去踢球。

3. 约定好后，学生在日程表上写下约定的时间、地点和内容。

4. 学生继续与下一个人交流。每位学生要求至少安排三次与不同对象的不同内容的约定。

☞**技巧及建议**：

教师可在指导对话的过程中，培养学生用中文关键词写日程表的习惯。

2. 团购可以打折

考察要点：能表达个人意愿和想法；掌握日用品、食品、电器等相关名词；掌握名量词。

技能训练：口语，听力。

水平：初、中级。

时间：10~15 分钟。

准备：设计制作购物表格(表 5-22)。

表 5-22 **购 物 表**

	成员一	成员二	成员三	成员四	成员五
球鞋					
牛肉					
洗衣液					
手机					
电脑					
桌子					
T 恤衫					
苹果					
毛巾					
牛仔裤					
篮球					
化妆品					

☞**活动过程**：

1. 教师进行情景预设：大商场现有团购打折活动，同类商品三人以上八折，五人以上六折。要求学生必须以团购形式购买五类不同商品。

2. 学生拿到购物表格后，首先确认自己准备购买的五件商品，并在对应商品后的第一栏“成员一”中写下自己的名字。

3. 学生在教室走动并与其他同学交流，找到有意愿购买相同商品的团购伙伴，并在表格成员列表中写下他们的名字。交流中，他们可能会使用下面的句子：

我想买一双球鞋、一件 T 恤衫、一个篮球、一条牛仔裤，还有一台电脑，你呢？

3. 规定时间到了后，要求每位同学说出团购成功的商品、团购人数及折扣力度。

☞**技巧及建议：**

1. 要求学生在名词前使用恰当的数量短语。
2. 如果班级人数不多，可减少商品列表数量及团购最低人数来降低匹配难度。

3. 通讯录

考察要点：能听懂基本的数字；能说出本人的基本信息。
技能训练：听力，口语。
水平：初级。
时间：10~15 分钟。
准备：设计制作通讯录表格(表 5-23)。

表 5-23　　**通　讯　录**

通讯录			
姓名	电话号码	电子邮箱	微信号
老师			
学生 1			
学生 2			
学生 3			
学生 4			
学生 5			

☞**活动过程：**

1. 将名单列表分发给学生。教师首先将自己的电话号码告诉学生，如：我的电话号码是 1356789 **** 。电话号码可重复两遍，学生将号码记下来。

2. 每位学生在列表中写下自己的电话号码。

3. 学生在教室走动，互相交流，通过对话将其他所有学生的电话号码记下来，如：我的电话号码是 1387690 * * * *，你的呢？

4. 通讯录完成后，学生两两进行号码校对，确认记录的号码是一致的。

5. 活动结束后，学生保留通讯录以备后用。

☞**变化形式：**

除电话号码外，学生还可以搜集其他联系方式，如电子邮箱、微信等社交媒体信息。

4. 颜色的差异

考察要点：能参与简单的讨论，清楚地表达自己的观点；了解不同语言的词汇文化涵义的差异；能根据所听内容做简单的记录，概括出大意。

技能训练：口语，书写。

水平：中、高级。

时间：25~30 分钟。

准备：设计制作颜色词文化涵义对比表(表 5-24)。

表 5-24 **颜色的意义**

语言 颜色					
黑					
白					
红					
黄					
蓝					
绿					
其他颜色					

☞**活动过程：**

1. 将学生分成 5 人小组，组内学生国籍各不相同。每组分发一份颜色词文化涵义对比表。教师先组织讨论汉语中各颜色词的文化涵义，学生将其写在表格中。接下来分组讨论，不同语言的学生轮流介绍每个颜色词在自己语言文化中的特殊涵义，尽量举出相关语言实例，并记在表格中。

2. 分组汇报并讨论，让学生了解不同文化中的颜色崇拜与禁忌，避免今后的文化交际误解。

5. 纵横字谜

考察要点：了解汉字与词的关系；熟练掌握汉字字形。

技能训练：阅读。

水平：初、中级。

时间：5~10分钟。

准备：设计10*10字谜表格（表5-25），把需要复习的10~15个词语放进去。

请找出：帮助 报纸 放假 非常 房间 高兴 大家 回答 介绍 咖啡 考试 快乐 旅游 牛奶 身体

词语排列方向：→、↓、↘

表5-25 **字谜表格**

做	左	来	报	好	去	请	感	班	老
时	帮	助	纸	一	房	间	以	位	早
晚	小	车	远	原	爱	身	美	每	没
和	喝	几	放	假	就	九	体	酒	年
日	电	非	点	商	高	场	回	答	长
河	合	常	比	你	兴	贵	沙	考	出
周	牛	四	大	五	物	屋	字	试	自
介	体	奶	家	招	行	咖	啡	走	本
绍	记	写	泡	甜	条	跳	飞	快	手
果	苏	医	旅	游	北	男	英	用	乐

☞**活动过程：**

1. 教师将准备好的字谜表分发给学生，字谜表上方列出了需要找出的词语。告知学生词语的排列方向有三种可能：→、↓、↘。学生需要在五分钟内找到所有词语，要求学生单独完成该活动。

2. 时间到后，学生举手回答各个词所在位置，教师展示正确答案。

6. 据义找词

考察要点：了解汉字与词的关系；熟练掌握汉字字形；掌握相关词语词义。

技能训练：阅读，书写。

水平：初、中、高级。

时间：5~10 分钟。

准备：设计一份 9＊9 混合字表(表 5-26)，一份根据词义选词的练习。

1. 请找出表中的 10 个双音节词语。

表 5-26　　**字谜表格**

上	书	跟	是	我	有	梦	哈	走
前	挂	朋	够	衬	衫	点	语	钱
男	测	牛	友	会	弄	字	言	蓝
讨	份	运	支	持	卡	拉	被	哈
论	俩	动	对	想	向	汽	香	细
四	手	能	累	苹	经	车	理	老
机	事	律	果	医	笑	条	校	离
么	计	算	或	火	自	咖	子	奶
个	玩	经	城	退	休	日	国	过

2. 根据释义，将找到的 10 个双音节词语填入适当位置。

________________：彼此有交情的人。

________________：从事体育活动。

________________：就某一问题交换意见或进行辩论。

________________：手持移动电话。

________________：给予鼓励或赞助。

________________：常见水果，圆形，味甜或微酸。

________________：西式单上衣。

________________：交通工具，主要在公路上行驶，一般为四个轮子。

________________：人类特有的用来表达意思、交流思想的工具。
________________：在学校学习期满，达到规定的要求，结束学习。

☞**活动过程：**

1. 将混合字表及练习分发给每位学生。此活动有两种顺序：第一种顺序是学生先从字表中找出能够成词的 10 个双音节词语，再根据其释义将词语填入适当空格；第二种顺序是先根据释义猜出相关词语，再从混合字表中找出对应的双音节词。当然，这两种方式可以结合使用。要求学生在规定时间内完成相关任务。

2. 找词填词任务完成后，教师进行全班活动，随机选取学生说出相关词语的位置以及词语与释义的匹配关系。

第十四节　媒 体 活 动

1. 学茶艺

考察要点：能较完整地描述事情的过程；掌握承接复句。
技能训练：听力，口语，书写。
水平：中、高级。
时间：15~20 分钟。
准备：茶艺等视频资料。

☞**活动过程：**

1. 教师播放茶艺演示视频，学生看完后进行描述。教师提醒学生使用"先……然后……再……"的句型进行描述。学生先口头回答，教师可以补充相关生词。

2. 将学生分成小组，组内学生继续讨论，要求每组尽量将茶艺的每个具体细节写下来。如：

先把水壶装满水，烧开，把茶叶放进茶杯，然后把烧开的水慢慢倒入茶杯，泡两三分钟，就可以喝了。

3. 每组秘书介绍本组的具体步骤，看看哪一组的描述最准确最具体。

4. 教师将其他任务作为家庭作业布置给学生，如："你知道怎么在网上买书吗？""你知道怎么在银行取钱吗？""你知道怎么使用 word 软件吗？"等。第二天在课堂上交流。

2. 感受音乐

考察要点：能用恰当的词语描述事物特征；能用简单的句子表达个人的感受；掌握季节、时间、天气、气温、地貌、颜色等相关名词。

技能训练：口语，书写。

水平：初、中、高级。

时间：10~15 分钟。

准备：一首或多首纯音乐 Mp3。

☞**活动过程**：

1. 教师播放音乐，要求学生依据"季节""一天中的时间""天气""气温""地貌环境""颜色"等内容记下自己听音乐的感受，学生的描述可能是这样的："春天""早晨""晴""冷""森林""绿色和红色"等，如图 5-37。

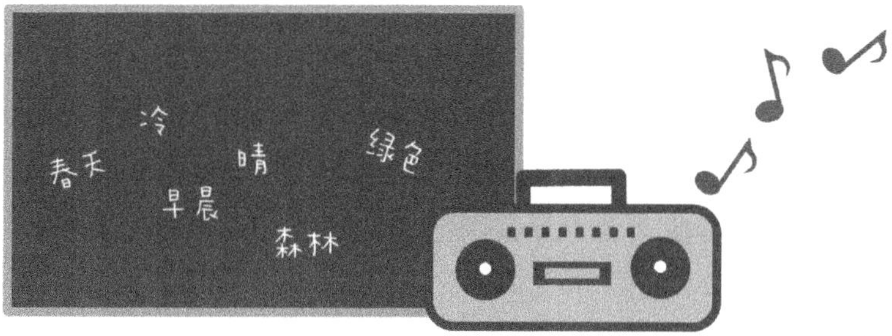

图 5-37　感受音乐

2. 听完后，大家分享个人感受，并将相关词语写在黑板上。大家可以分析哪些词语用得最多，哪些感受最普遍。

3. 教师继续播放另一首曲风完全不一样的音乐，让学生继续进行描述，最后比较两首音乐带来的不同感受。

☞**变化形式**：

针对水平较高的学生，可要求学生在听完音乐后用句子描述自己能想象到的一幅景象或一个故事。

第十五节 玩具活动

1. 乐高玩具游戏

考察要点：能听懂一般的指令；掌握颜色词；掌握方位名词；掌握把字句。

技能训练：听力，口语。

水平：初、中级。

时间：15~20 分钟。

准备：若干套不同颜色的乐高积木块，颜色根据学习内容确定。

☞**活动过程**：

1. 教师将积木分给学生，一人一套，让学生根据指令进行积木拼接。如：

> 把红色积木和黄色积木放在一起，红色在左边，黄色在右边。
> 再把蓝色积木放在红色积木与黄色积木的上边。
> 把黑色积木放在蓝色积木的后边。

2. 学生拼接完成后，和教师手中的积木进行对比，看看是否拼接正确。
3. 教师把学生分成 2 人小组，其中一人发指令，另一人按照指令进行玩具拼接。发指令的同学可以先将积木拼好（拼好的积木避免让另一个同学看到），然后根据拼好的积木发布指令。
4. 另一同学根据指令拼好后，两人进行比对。
5. 第一轮游戏完成后，两位同学互换角色。

☞**技巧及建议**：

这一活动比较适合青少年。其优势是在介绍方位名词时，能充分发挥物理空间的多维立体性，体验性更强。

2. 问名字

考察要点：能说出本人的基本信息；能听懂他人的简单介绍；掌握疑

问句。

技能训练：口语，听力。

水平：初级。

时间：5~10分钟。

准备：空白小纸条。

☞**活动过程**：

1. 每人分发一张纸条，要求学生将自己的名字写在小纸条上(如果学生不会写汉字，名字可用拼音或英文名代替)。写完后将纸条交给教师。

2. 教师将纸条打乱顺序后，随机发给学生，确保每个学生拿到的都是他人的名字。

3. 学生在教室随意走动，通过询问找到纸条上的同学，要求使用相关句型。如：

A：你是……吗？
B：我不是。我叫……
A：很高兴认识你，我叫……
A：你是……吗？
C：是的，我是……你叫什么名字？
A：我叫……很高兴认识你。
C：很高兴认识你。

4. 大家都找到纸条上的人之后，大家介绍自己，并介绍刚才认识了哪些新同学。如：

我叫……　他是……　她是……

☞**技巧及建议**：

活动也可以安排学生询问"国籍""爱好"等其他信息。

3. 聊天飞行棋

考察要点：能就一般性话题与他人进行交流；能看懂日常生活中的简短信息；掌握疑问句。

技能训练：口语，听力。

水平：初、中、高级。

时间：20~25 分钟。

准备：设计聊天飞行棋盘(图 5-38)，10 个固定问题纸条，骰子，棋子。

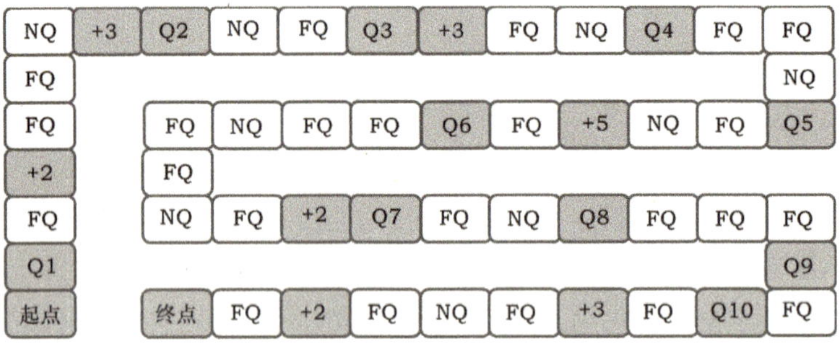

游戏说明：Q1—Q10为固定问题，FQ为自由提问，NQ为没有提问，+数字表示前进格数。

图 5-38　聊天飞行棋

☞**活动过程：**

1. 将学生分成 3~4 人小组。每组分发一个棋盘，一个骰子，印有固定问题的纸条，以及与学生人数相等的棋子。

2. 活动开始，学生按顺序掷骰子，点数代表前进的格数。学生需要根据格子里问题类型来进行互动。如果遇到固定问题(Q1~Q10)，学生需要回答教师提前设计好的纸条上的问题，如：“这周末你去了什么地方?”“你最喜欢的动物是什么?”等。如果格子里显示“自由问题(NQ)”，那么由其他学生向该学生提任意问题，他来回答。如果遇到“没有问题(NQ)”，那么学生可以轻松休息。轮到下一位同学掷骰子，相应流程一致。

3. 第一位学生到达终点后，活动结束，该学生获胜。

第十六节　新技术活动

1. 语料库的作用

考察要点：能结合上下文语境分析比较词语的不同用法；利用新技术方法，查找所需信息和资源。

技能训练：写作，口语。

水平：中、高级。

时间：20~25 分钟。

准备：可以无线上网的教室，学生们自带电脑。

☞**活动过程**：

1. 教师例举学生在写作过程中容易出现的词语使用错误，告诉学生词语搭配、词语使用的上下文语境对词语的正确使用至关重要。

2. 要求学生通过汉语语料库网站查找相关词语，教师就搜索方法及规则进行指导。

3. 学生整理例句，分析其使用的规律和具体语境，将其与自己或他人的错误句子进行对比，发现原因。

☞**技巧及建议**：

常用的汉语语料库有：

1. BCC 语料库(http://bcc.blcu.edu.cn)

2. 语料库在线(http://corpus.zhonghuayuwen.org/index.aspx)

3. CCL 语料库(http://ccl.pku.edu.cn:8080/ccl_corpus/)

2. 词语云

考察要点：能叙述一个完整的事件，表达连贯；能就一定话语展开讨论，表达个人看法；能看懂有一定长度的叙述性文章。

技能训练：口语，书写。

水平：初、中、高级。

时间：15~20 分钟。

准备：选择一段符合学生现有水平的新闻或故事文本，利用网络词语云工具制作成词语云图片。

☞**活动过程**：

1. 教师用幻灯片展示词语云。如图 5-39。

告知学生这是根据一篇新闻报道文本生成的词云分析。

2. 将学生分成 3~4 人小组。要求学生分析词语云的特征(词频、词义关联、词语搭配)，推测原文的主要内容，并将各自的想法写下来。

图 5-39　词语云

3. 教师进而揭示该新闻报道的标题。学生继续分析并调整先前的内容。

4. 教师用幻灯片展示原文，学生比较其主要内容与自己所想之间的差异。同时，要求学生比对自己所写的句子与原文之间的差异，注重观察词与词之间的关联与搭配。

☞**技巧及建议：**

本活动使用的词语云工具为“图悦”：http：//www. picdata. cn/picdata/。

3. 智慧答题系统

考察要点：掌握一定的汉语语言知识及中国文化常识；能读懂一般介绍性或说明性材料。

技能训练：阅读，口语，听力。

水平：中高级。

时间：25～30 分钟。

准备：利用智慧教学工具及 PPT 软件将文化知识试题设计成在线答题系统如图 5-40，学生携带智能手机。

☞**活动过程：**

1. 学生利用手机登入智慧教学答题系统。

2. 学生在线答题。全部答案提交后，答题系统显示个人答题成绩及错题分析。

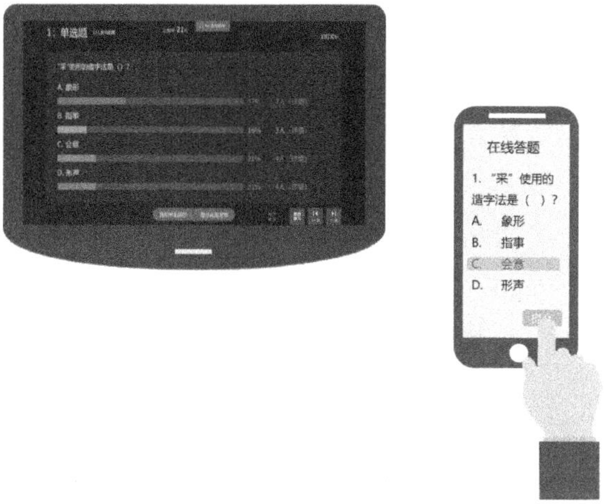

图 5-40　智慧答题系统

3. 教师利用智慧教学平台统计全班答题情况，与学生一起分析相关难题。

☞**技巧及建议：**

1. 智慧教学工具多与 PPT 软件结合使用，可用于设计各类在线答题活动，互动效果好，学生参与的积极性较高，教师也可对课堂讲授知识内容做即时的检验，做到讲练结合。

2. 答题内容可根据自己的教学内容进行变换。在课堂有限时间内，选择题的答题形式相对效率更高，少量题目也可以设计成输入文本的形式。

3. 常用的智慧教学工具有：课堂派、雨课堂、微助教等，具有在线学习与课堂教学功能混合、多样化教学互动、学习数据跟踪记录、轻量化设计等特点，可帮助语言教师实现从传统教学向智慧教学的转型。

4. AR 博物馆

考察要点：能利用增强现实技术（AR）了解中国古代器物文化及历史文化常识；能听懂专业性的说明或讲解；能读懂有一定生词和术语的介绍性或说明性材料。

技能训练：阅读，听力。

水平：中、高级。

时间：30 分钟。

准备： 提前准备好博物馆系列 AR 卡片，如图 5-41，学生准备具有拍照功能的智能手机。

图 5-41　AR 博物馆

☞**活动过程：**

1. 每位学生分发一张 AR 卡片，卡片内容不相同。
2. 学生先阅读卡片上对古代文物的简单介绍，然后用手机扫描卡片，在手机屏幕上观看三维立体的文物实景，并通过聆听语音讲解进一步了解文物的相关特点。
3. 每位同学依次介绍自己卡片上的文物，并回答同学提出的问题。
4. 同学间交换卡片，继续了解其他古代文物信息。

☞**技巧及建议：**

AR 文化产品日益丰富，教师应提前了解相关资源，选取合适的 AR 产品丰富自己的课堂。

5. 对话语音机器人

考察要点： 能听懂一般性话题的日常对话；掌握疑问句。

技能训练： 口语，听力。

水平： 初、中级。

时间：课外+课堂。

准备：带智能语音系统的手机或语音智能产品。

☞**活动过程**：

1. 课前，学生准备十个问题，与在线语音智能进行对话，并将对话内容记录下来。

2. 课堂上，学生们互相交流，分享对话内容，并做相关讨论，如：智能语音的回答是否恰当，与智能语音对话对自己学习语言是否有帮助、有何帮助等。

☞**技巧及建议**：

我们使用的语音智能设备有小米“小爱同学”、百度“小度”。

6. 点赞朋友圈

考察要点：能利用微信、QQ 等社交媒体与母语使用者进行日常交流；能就常见的生活话题发表自己的评论和看法；熟练掌握拼音输入法；深入了解中国人的交际礼仪、人际关系及其他行为文化。

技能训练：阅读，口语。

水平：中、高级。

时间：课外时间+课内时间。

准备：无。

☞**活动过程**：

1. 建议学生在日常生活中使用微信等社交媒体与中国朋友进行广泛交流，深入了解中国人的人际关系、交际礼仪及行为观念，深度融入母语者社区文化。主要形式包括：学生自己发朋友圈信息，用文字记录日常生活；点赞并评论他人朋友圈，与母语使用者进行互动交流；参与兴趣群组，与有相同志趣的母语者或其他学习者进行相关主题的深入在线交流。

2. 在课堂上，将学生分成 3~4 人小组，组内每位学生分享一周来在朋友圈了解到的最新资讯和日常趣事，同学间进行互动交流。

☞**技巧及建议**：

以“微信”为代表的在线社区交流可以提升学习者的语言技能，使他们能够在社会语境中使用目标语进行意义和形式协商，也使他们对目标语及目标文化持更积极的态度。教师应采取有效的方式引导学生正确使用社交媒体软件，避免其迷失在复杂浩瀚的网络信息中。

7. 闪电短信

考察要点：能读懂工作及社交中的通知、电子邮件等文字信息；能抓住语段关键信息；能将看到的材料进行概括并记录下来；掌握拼音输入法。

技能训练：阅读。

水平：中、高级。

时间：10~15 分钟。

准备：设计通知文本(图 5-42)。

关于举行2019年毕业典礼的通知

全校各单位：

学校定于2019年 6月20日（星期四）上午8:30在操场举行2019年毕业典礼，请以下人员出席：

1. 2019届全体毕业生；
2. 两院院士、人文社科资深教授；
3. 全体校领导；
4. 学校、学部、学院学位评定委员会代表；
5. 各学院（系）和研究生培养单位院长（主任）、毕业年级辅导员；

请与会人员于6月21日上午8:15前入场完毕.欢迎毕业生家长在指定区域观礼。

特此通知

××大学校长办公室
2019年6月15日

图 5-42　通知

☞**活动过程**：

1. 教师进行情景预设：你们在布告栏看到了学校或公司发布的通知，需要用最精简的语言将该通知的内容编辑成短信，发送给自己的朋友。第一次发送的短信限定在 20 个词以内。

2. 选取一位志愿者充当朋友，其他所有同学将编辑好的短信发送到志愿者的手机上。全部发送完毕后，志愿者读出所有短信，大家比较谁的文本表达最简洁最到位，讨论还有没有可能继续精简。

3. 要求学生就原通知再次编辑短信，第二次发送的短信限定在 10 个词以内。发送完毕后再次讨论，教师指导。

第十七节　PPT 游戏活动

1. 拼音转盘

考察要点：了解汉语音节特点；掌握汉语声母、韵母发音。
技能训练：口语。
水平：初级。
时间：5~10 分钟。
游戏页面设计（如图 5-43 所示）：

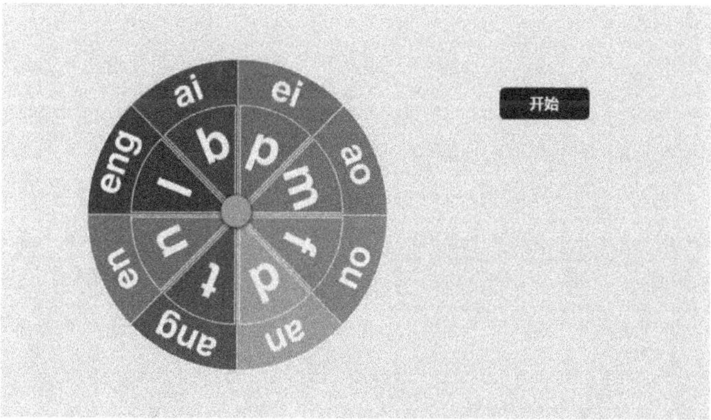

图 5-43　拼音转盘

☞**活动过程：**

1. 将学生分成若干个小组。

2. 每组选出一个代表点击 PPT 的"开始"按钮，转盘转动后所出现的不同声母和韵母的组合，即为该组同学需要认读的音节。

3. 教师记录每组同学认读情况，评出认读最佳的小组。

4. 教师进行纠音、正音练习。

☞**技巧及建议：**

1. 每次点击“开始”键可实现不同声韵母的组合，每组同学认读的音节均不一样。如果遇到某些声韵母不能拼合的情况，教师可以提前解释说明略过该项练习。游戏的时候，学生可以选择任意声调进行声韵调的配合认读。当该组声母、韵母都已经练习完毕，教师可替换声母、韵母进行更全面的操练。

2. 教师可以对 PPT 做进一步设计，加入第三个转盘——声调转盘，实现声、韵、调的拼合练习。

☞**PPT 设计说明：**

1. 利用 PPT 图表中的饼图设计制作成拼音转盘的底盘。

2. 设置外表盘的动作为“陀螺旋”，并把“开始”文本按键设置为“陀螺旋”动作的触发器。

2. 百步穿杨

考察要点：了解四声发音方法，认读相关音节与汉字。

技能训练：口语。

水平：初级。

时间：5~10 分钟。

游戏页面设计(如图 5-44 所示)：

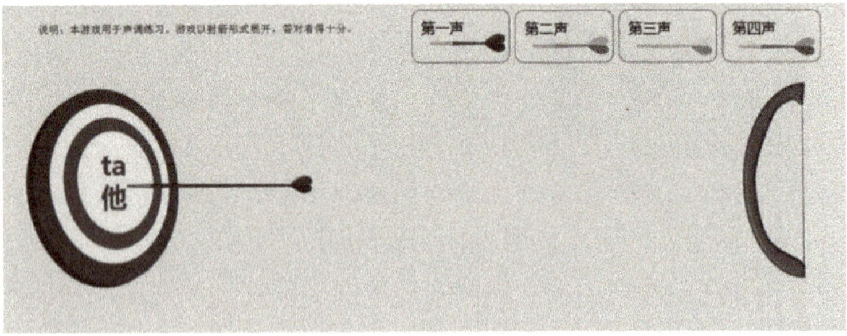

图 5-44　百步穿杨

☞**活动过程：**

1. 将学生分成若干个小组。

2. 教师用 PPT 展示需要认读的音节与汉字，学生选择声调并大声读出该音节。拼读正确，页面中的弓箭将射中靶心，得 10 分；拼读错误，弓箭偏离靶心，不得分。

3. 教师记录每组同学认读情况，评出得分最高的小组。

4. 教师进行纠音正音练习。

☞**技巧及建议：**

该游戏可以用于课堂预习热身或复习操练环节，每组学生可以练习 4~5 个音节。

☞**PPT 设计说明：**

1. 利用 PPT 中椭圆和曲线工具绘制箭靶、弓、箭。

2. 设置对象“箭”的活动路径为直线或曲线，路径触发器为右上方的“第一声”“第二声”等文本按钮。

3. 一起做汉堡

考察要点：掌握汉语拼音的正确读音；初步识别汉字的发音；掌握常用汉字。

技能训练：听力。

水平：初级。

时间：5~10 分钟。

游戏页面设计(如图 5-45 所示)：

图 5-45　一起做汉堡

☞**活动过程：**

1. 教师随机挑选举手的同学进行“做汉堡”课堂游戏。

2. PPT左侧显示需要认读的音节，右侧下方显示需要认识的汉字。学生会先听到音节发音，然后要求模仿读出该音节，最后在五个汉字中选出与音节对应的两个汉字，组成相关词语。每选对一个汉字，PPT对应显示完成做汉堡的一个步骤。两个汉字都选对了，将会做出一个美味的汉堡。此时，PPT会提示再做一个汉堡。相反，选错一个，游戏结束。

3. 教师记录学生拼读音节及识认汉字情况，进行纠音及汉字巩固练习。

☞**技巧及建议：**

该游戏可以用于课堂预习热身或复习操练环节，也可以提供给学生用作课后的娱乐学习资料。教师根据实际课堂教学内容，对游戏中的音节与汉字进行调整，尽量选定重点词语进行展示。

☞**PPT设计说明：**

1. 左右版式设计。

2. 汉堡包素材是可分离的，方便展示制作过程。

3. 设置正确文本对象触发汉堡出现动作，设置错误文本对象触发红色警告动作。

4. 汉字猜猜猜

考察要点：能用简单句子表达个人看法；掌握汉字基本笔画及常用部件；熟悉汉字字形特点及结构方式。

技能训练：口语，阅读。

水平：初、中级。

时间：10~15分钟。

游戏页面设计（如图5-46所示）。

☞**活动过程：**

1. 教师将学生分成两个组。

2. PPT页面上层为20个遮罩色块，下层为需要竞猜的汉字。教师自由点击遮罩色块，被点击的色块消失，显露汉字字形的一部分。每移除一个色块，教师便提供一次竞猜机会，学生根据已知部分字形进行竞猜。

图 5-46　汉字猜猜猜

3. 最早猜出字形的小组，选出一名代表，在黑板上写下己方的汉字答案。

4. 教师进行校验，点击右下方按钮，揭示正确答案。如答对，该小组加 1 分；如答错，该小组减 1 分。

5. 10 组汉字竞猜完毕，教师统计两组得分，得分高者胜出。

6. 教师分析总结游戏中所使用汉字字形特点。

☞**技巧及建议：**

1. 该游戏可以用于课堂预习热身或复习操练环节。教师可以根据课堂内容替换相关汉字。在竞猜过程中，教师必须要求学生先写下所猜汉字，并大声读出汉字读音，再揭示验证答案，这样有助于学生真正掌握所学汉字字形。教师对部分重点汉字字形特点的分析也是非常有必要的。

2. 该游戏具有较大的拓展性，汉字可以替换成其他元素，比如动物图像、交通工具等，可以进行口语表达和词汇练习。以动物图像为例，教师点击移除部分色块后，学生开始竞猜，正确说出被遮罩的动物名称即可得分。

☞**PPT 设计说明：**

1. 遮罩色块数量为 20，不宜太多或太少。

2. 每个色块添加"消失"动作，触发器为色块本身。

3. 添加右下角的揭示答案按钮，设置为所有色块"消失"动作的触发器。

5. 汉字消消看

考察要点：能对词语进行简单的解释；能表达个人的看法和观点；掌握汉字常用部件；掌握常用汉字；掌握比较句。

技能训练：口语，阅读。

水平：初、中级。

时间：10~15 分钟。

游戏页面设计(如图 5-47 所示)：

图 5-47　汉字消消看

☞**活动过程**：

1. 学生熟悉游戏规则。游戏页面由上、下两组汉字构成，每组汉字各 16 个。游戏者要找出上组和下组具有相同部件的字，比如“安”和“家”、“打”和“把”。游戏者先点击上组汉字，再点击下组对应汉字，选择正确则两个汉字成功消除。游戏时间为 1 分钟，页面下方红色矩形即为 1 分钟计时器。

2. 教师将“汉字消消看”游戏推送到学生移动终端(pad 或手机)。

3. 学生利用移动终端进行游戏。

4. 游戏结束后，教师统计结果，学生 1 分钟内消除汉字的总量即为比赛得分，得分高者胜出。

5. 进行 5~6 轮比赛。

6. 比赛后，学生分成三人小组，将出现过的部件写下来，并一起讨论每个汉字部件的意义。

7. 每组选出一个代表，结合一个例字，在台前进行简要介绍和展示。

8. 教师点评总结。

☞**活动拓展：**

在没有学生终端的情况下，教师可以利用教室多媒体或电子白板开展活动。

1. 教师对学生进行分组(3~4 人/组)。

2. 每组选出一位代表，依次到台前进行游戏。每组遇到的汉字不一样。

3. 教师记录下每组得分，得分高者胜出。

4. 胜出小组将所有出现的部件写在黑板上。

5. 教师给每个小组分配一个部件。每组另选一位成员，利用该部件，在黑板上写出一个新汉字。

☞**技巧及建议：**

“汉字消消看”要求游戏者在规定时间内消除尽可能多的相同部件的汉字，考察的是学生对汉字部件的熟悉程度。教师在选择游戏汉字时，不一定要使用课堂学过的汉字，只要有常用部件，都可以拿来用。陌生的汉字在一定程度上可以培养学生汉字字形的迁移能力。教师也可以通过缩短游戏时间或增加汉字数量的方式，加大比赛的难度，提高比赛的竞争性。

☞**PPT 设计说明：**

1. 上半部分的汉字设置了一个点击触发的动作，触发下半部分对应汉字隐形方块形状的出现。

2. 点击下半部分的汉字触发上半部分汉字的消失。

3. 利用擦除动作，实现计时器效果。

6. 汉字记忆游戏

考察要点：掌握常用汉字；掌握存在句。

技能训练：口语，阅读。

水平：初、中、高级。

时间：5~10 分钟。

游戏页面设计(如图 5-48 所示)：

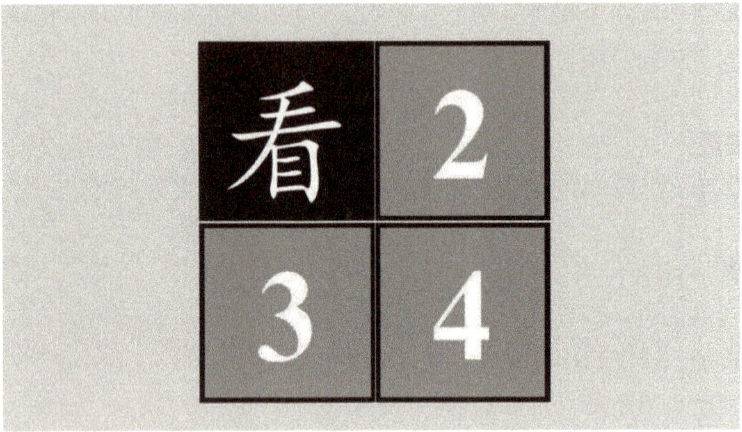

图 5-48　汉字记忆游戏

☞**活动过程：**

1. PPT 展示第一组汉字(汉字数量为 4 个)，展示时间为 30 秒，学生记住汉字及对应位置。

2. 教师提问，学生举手回答问题。如：

教师：数字 1 下面是什么？

学生 A：数字 1 下面是汉字“看”。

教师：汉字“穿”在哪里？

学生 B：汉字“穿”在数字 3 下面。

3. 第一组汉字竞猜完后，根据学生情况进行第二组、第三组、第四组汉字记忆游戏，汉字数量依次增加，分别为 6、8、10，记忆时间都是 30 秒。游戏过程一样。

☞**活动拓展：**

1. 将学生分成若干小组，3 人/组。

2. 教师将游戏 PPT 推送到学生终端。

3. 组内学生进行分工，一人提问，其他两人竞猜，得分高者胜出。

4. 每组选出一位同学，两两进行比赛，最后决出全班获胜组。

☞**技巧及建议：**

本游戏既考察对汉字的识认，又考验学生的记忆能力，竞争性和趣味性比较强。当汉字数量增加到 10 或更多的时候，识记的难度会加大，此时教师可以询问学生要不要继续增加汉字，教师适时的鼓励可以激发学生的挑战意识，有助于帮助学生保持学习的热情与兴趣。游戏中的口语表达是必不可少的一个环节，应要求学生按照规定句型进行完整回答。本游戏适合初、中、高各级水平的学生，选取对应等级汉字即可。

☞**PPT 设计说明：**

1. 利用 PPT 表格工具快速制作框架。
2. 设置遮罩色块出现时间，延迟 30 秒。
3. 设置遮罩色块消失动作，触发器为色块自身。

7. 汉字找不同

考察要点：能描述不同事物间的差异；掌握比较句；掌握常用汉字；掌握常用部件。

技能训练：口语，阅读。

水平：初、中级。

时间：5～10 分钟。

游戏页面设计（如图 5-49 所示）：

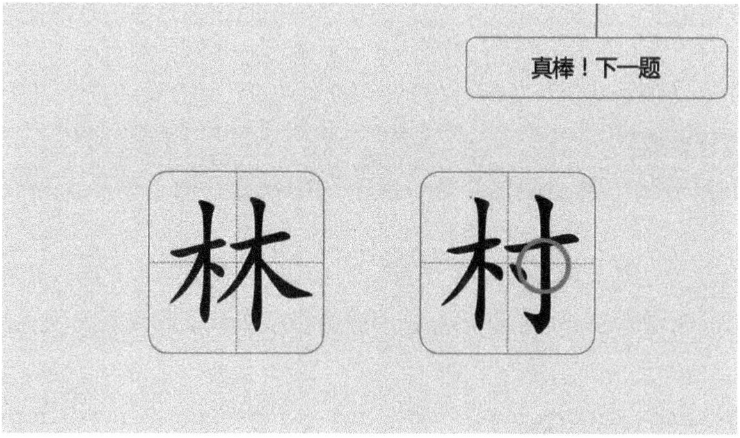

图 5-49　汉字找不同

☞**活动过程：**

1. 将全班同学分成 A、B 两组。

2. 每组分配五对形近字。游戏时，学生需要用指定句型“……不一样”说出每对汉字的不同点。如：

学生：这两个汉字左边不一样，一个是木，一个是寸。

3. 教师随机选取不同学生进行辨析。

4. 得分高、用时短的小组胜出。

☞**活动拓展：**

1. 增加形近字至 40 对，设定比赛时间为 30 秒。

2. 教师将游戏 PPT 推送到学生终端。

3. 学生在移动终端进行答题。

4. 在规定时间内，完成数量最多的学生获胜。

☞**技巧及建议：**

本游戏主要考察学生对汉字部件的掌握情况，促进学生对汉字形体细节的观察和领悟能力。教师可以结合汉字部件意义的讲解进行此类游戏，从字理上帮助学生识认和书写汉字。游戏当中的选字不一定是已经学过的汉字，没有学过的形近字同样可以拿过来进行比较，熟悉汉字部件是本游戏设计的最终目的。游戏结束后，教师还可以安排一个汉字听写的比赛环节，把刚刚辨析过的汉字再听写一遍，这个环节可以进一步巩固强化游戏学习效果。

☞**PPT 设计说明：**

1. 利用形状工具绘制田字格，汉字居中摆放，便于学生分析汉字形体结构。

2. 为简化动画，两个汉字中只对右边的汉字进行动画设置，即在该汉字需要辨析的位置添加一个透明热点，用透明热点做触发器控制橙色空心圆形的出现。

8. 汉字找相同

考察要点：掌握常用汉字；掌握常用部件；掌握比较句。

技能训练：口语，阅读。

水平：初、中级。

时间：5~10 分钟。

游戏页面设计(如图 5-50 所示)：

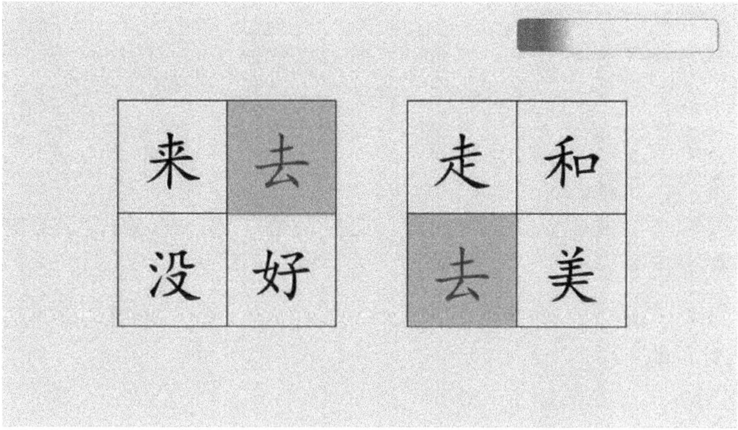

图 5-50　汉字找相同

☞**活动过程**：

1. 将全班同学分成 A、B 两组。

2. 教师介绍游戏规则：游戏时间限定为 10 秒，要求学生找出左右两边方框中相同的汉字，并用指定句型"……一样"表达，如：

学生："去"和"去"一样。

3. 第一轮比赛是"四字组"，即方框中的汉字为 4 个，共五组。答对一个汉字记 1 分，共 5 分。教师从每组选取一名学生回答，用计分工具记录该学生得分。

4. 第二轮比赛是"六字组"，第三轮比赛是"九字组"，难度依次增加，每轮比赛依旧是五组汉字，每组汉字比赛时间 10 秒不变。

5. 教师选取不同学生进行回答。每组三位学生的成绩累加，即为该组得分。得分高者胜出。

☞**活动拓展：**

1. 教师将游戏 PPT 推送到学生终端，将每组游戏时间缩短为 5 秒。
2. 学生在移动终端答题。
3. 在规定时间内，完成数量最多的学生获胜。

☞**技巧及建议：**

本游戏主要考察学生汉字快速识认能力。在极短的时间内，找出相同汉字并说出来，这要求学生对汉字形体非常熟悉。在初级阶段，教师可以适当延长时间，让学生能够开口说话，不应把汉字识认作为唯一的教学目标。而对于中高级阶段的学生而言，“……一样”句型相对简单，侧重点还是要夯实学生的汉字识认基础。教师应根据学生的学习进度挑选汉字，游戏中出现的所有汉字应该是已经学过的。

☞**PPT 设计说明：**

1. 利用表格工具绘制文字框架。
2. 在右边文字框中设置动画，即在相同的汉字上覆盖透明色块，设置该透明色块为触发器，触发两个橙色强调色块的出现。
3. 添加 10 秒计时色块及 Time Out 覆盖色块。

9. 有趣的古文字动物园

考察要点：了解汉字象形特点；掌握常用句型；掌握动物类词语。

技能训练：口语。

水平：初、中级。

时间：10~15 分钟。

游戏页面设计（如图 5-51 所示）：

☞**活动过程：**

1. 教师介绍象形字的特点。
2. 游戏要求学生根据象形字字形特征猜出对应的动物名称。教师可根据下面对话进行游戏：

教师：这是什么动物？

学生：我觉得这是羊。

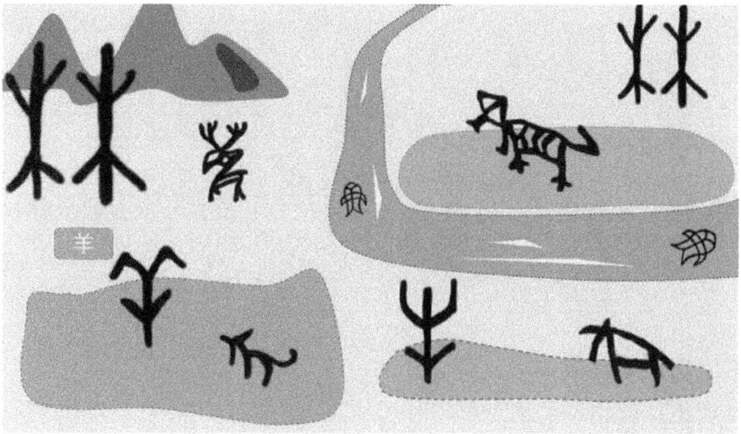

图 5-51　有趣的古文字动物园

教师：非常棒，答对了。

3. 如果学生从字形猜不出动物名称，教师可点击图片，发出该动物的声音，学生再据此进行猜测，例如：

教师：这是什么动物的声音？
学生：这是羊的声音。

4. 游戏结束后，教师带领学生做连线练习活动，巩固相关知识。

☞**活动拓展：**

教师将“动物园”主题替换为“古代人的日常生活”主题，选取“家、女、男、人、牛、鸡、豕、车、田、山、水、林、西”等汉字进行设计展示。一方面让学生了解汉字形体结构，另一方面也让他们初步了解中国古代人的生活，培养其对中国传统文化的兴趣。

☞**技巧及建议：**

本游戏旨在帮助学生了解汉字构造特点。面对初、中级阶段的学生，教师应该在课前把关于汉字构造规律的双语资料分发给学生，让学生提前有充分了解。在游戏前，教师也有必要对造字方法进行简要介绍和例析。游戏结束后，教师可以让学生选取若干个汉字，亲自创作一幅主题为“我的汉字动物园”的手工画，并以海报形式展出，激发学生的学习兴趣。

☞**PPT 设计说明：**

1. 利用曲线、任意多边形等工具绘制相关图形。
2. 设置点击图片、增加音效动作。

10. 搜集笑脸

考察要点：掌握数词。
技能训练：口语。
水平：初级。
时间：3~5 分钟。
游戏页面设计（如图 5-52 所示）：

图 5-52　搜集笑脸

☞**活动过程：**

1. 教师将学生分成 3~5 人小组。

2. 教师展示 PPT 游戏页面，学生会看到 40 个数字。数字下面的内容是不可见的，对应三种可能：“笑脸”“空白”“炸弹”。选中“笑脸”得 1 分，选中“空白”不得分，选中“炸弹”则在原来的基础上扣去 1 分。

3. 每组学生根据自己的想法随机选取数字。学生说出一个数字后，教师点开该数字，根据“笑脸”“空白”或“炸弹”进行加减分，记录在左边的得分板上。例如：

学生 A：10。
教师：恭喜，得 1 分。
学生 B：22。
教师：不得分，加油。
学生 C：14。
教师：对不起，扣 1 分，加油。

4. 数字全部读完后，教师统计各组得分，得分高的组胜出。

☞**活动拓展：**

1. 教师将学生分成 3 人小组。
2. 教师将游戏 PPT 推送到学生终端。
3. 学生进行组内游戏，得分高者胜出。

☞**技巧及建议：**

本游戏一般用于刚刚学完数字之后的课堂练习。采用搜集笑脸的游戏进行数字认读练习，具有竞争性和趣味性。在一轮游戏完成之后，教师可以根据情况进行第二轮或第三轮比赛。教师也可适当增加笑脸的数量，激发学生游戏的热情。

☞**PPT 设计说明：**

1. 在开发工具里，选取“文本框”控件插入页面，用作得分板的输入框。
2. 利用排列工具进行横向对齐、纵向对齐，实现所有文本框的整齐排列。
3. 设置数字文本框为自身离开动作的触发器。

11. 找成语

考察要点：能识别常用汉字；掌握常用汉语成语。
技能训练：阅读。
水平：中、高级。

时间：3~5 分钟。

游戏页面设计(如图 5-53 所示)：

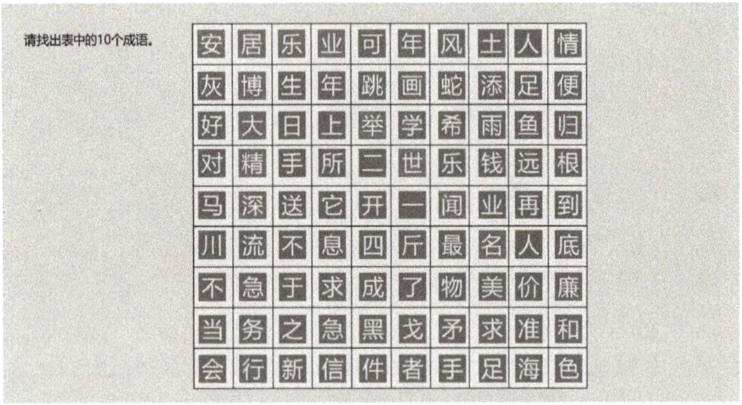

图 5-53　找成语

☞活动过程：

1. 教师将学生分成 A、B 两组。

2. 教师说明活动规则：表中共有 10 个成语，分布方向有三种(→、↓、↘)，找到一个得 1 分。

3. 学生发现成语后，举手回答，教师点击相应成语揭示答案。全部答完后，得分高的小组获胜。

4. 学生讨论成语的意义和用法，教师指导订正。

☞技巧及建议：

成语一直是中高级阶段汉语学习者的重点和难点，了解成语结构、意义及使用的特点非常关键。本活动主要考察学生对成语语言形式的感知，以游戏化的设计激发学生了解熟悉成语的热情。在意义方面，教师应设计适当的配套练习，将其使用与具体上下文语境结合。

☞PPT 设计说明：

1. 表格设计为 9＊9 大小，避免文字信息量过大或过小。

2. 将成语最后一个字设计成触发器，点击可以激活该成语四个字的识别显示。

12. 说菜名

考察要点：能识别常用汉字；掌握“是”字句；掌握常用汉语菜名。
技能训练：口语，阅读。
水平：初、中级。
时间：5~10 分钟。
游戏页面设计（如图 5-54 所示）：

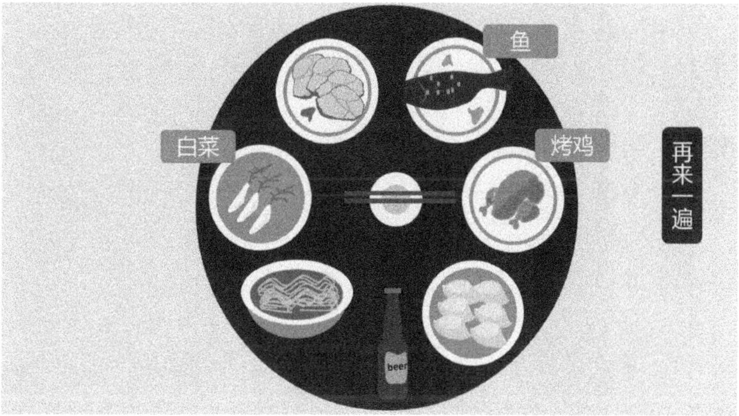

图 5-54　说菜名

☞**活动过程：**

1. 教师展示 PPT 页面，通过随机提问，与学生进行交流。如：

老师：这是什么？
学生 A：这是白菜。
老师：这是什么？
学生 B：这是鱼。

2. 第一轮提问完成后，点击“再来一遍”按钮，开始新一轮提问。

☞**技巧及建议：**

本游戏旨在将视觉信息与语言信息结合起来，强化学习者词语认知学习效果。教师可充分利用“再来一遍”的设置，对相关词语与句式进行多次形式化训练，帮助实现语言知识的快速内化。

☞**PPT 设计说明：**

1. 画面进行扁平化设计，展示各类菜品主要特征，增强视觉信息输入。

2. 每个菜品元素均设置成热点触发器，点击可出现对应文字信息。

3. 将“再来一遍”按钮设计成热点触发器，点击可消除所有已经出现的文字信息。

13. 填色游戏

考察要点：能识别日常生活中常见简短信息；掌握基本颜色词及相关词语。

技能训练：阅读，口语。

水平：初、中级。

时间：5~10 分钟。

游戏页面设计（如图 5-55 所示）：

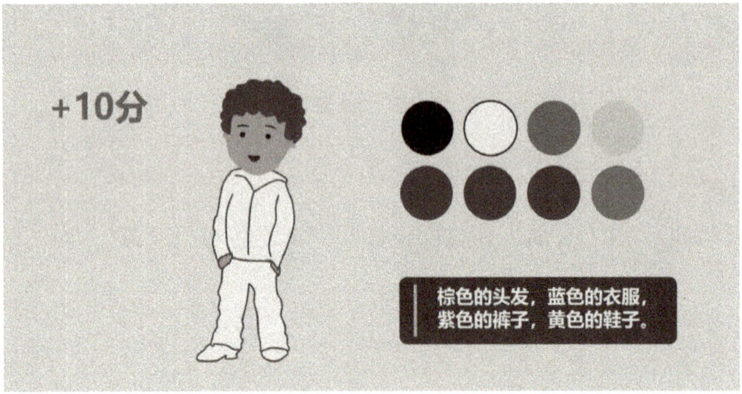

图 5-55　填色游戏

☞**活动过程：**

1. 将学生分成 A、B 两组。

2. 每组每次选派一人到前台互动屏进行答题操作，每人答题均不相同。答题学生首先要读出给出的文字线索，如“棕色的头发”“蓝色的衣服”“紫色的裤子”“黄色的鞋子”等，并依次点击相应颜色的色块，答对一题会显示+10 分。

3. 全部答完后，教师统计各小组累计得分，得分高的小组胜出。

☞**技巧及建议：**

1. 教师也可将文字信息隐藏，用读句子的方式提供选色线索，学生听懂后选择对应色块。

2. 建议教师使用电子白板等可触屏，学生可直接在台前点击操作。没有电子白板的教室，可用传统多媒体电脑鼠标点击答题。

☞**PPT 设计说明：**

1. 将人物的各个部位设计成独立元素，可实现对应色块的叠加。

2. 将右侧的色块设计成热点触发器，点击可激活对应的人物部件色块显示及得分元素的显示。

14. 运苹果的火车

考察要点：掌握名量词。
技能训练：阅读，口语。
水平：初、中级。
时间：3~5 分钟。
游戏页面设计（如图 5-56 所示）：

图 5-56　运苹果的火车

☞**活动过程：**

1. 将学生分成 A、B 两组。

2. 每组每次选派一人到前台互动屏进行答题操作，每人答题均不相同。答题学生首先口头说出自己的答案，如“一件衣服”，并点击相应苹果，答对后火车开走，显示得10分。

3. 全部答完后，教师统计各小组累计得分，得分高的小组胜出。

☞**技巧及建议：**

1. 教师可以将名量搭配练习替换为形名搭配、动名搭配、动补搭配等其他搭配练习。

2. 建议教师使用电子白板等可触屏，学生可直接在台前点击操作。没有电子白板的教室，可用传统多媒体电脑鼠标点击答题。

☞**PPT设计说明：**

1. 将目标苹果设置成热点触发器，点击呈现正确答案并移动火车。

2. 加入火车声效，使得场景更逼真。

15. 您来点儿什么？

考察要点：掌握点菜的基本句型；掌握相关词语。

技能训练：口语。

水平：初、中级。

时间：5~10分钟。

游戏页面设计(如图5-57所示)：

图5-57 您来点儿什么

☞**活动过程：**

1. 随机选取两位学生到台前，分饰服务员和顾客两个角色。

2. 每位角色说出自己的台词，如："请问，您来点儿什么?""我要一个牛肉"，说完后点击互动屏幕相应元素，屏幕会显示正确答案，回答正确者奖励得分。

3. 点击"再来一遍"，学生通过选择不同菜品来操练同一句型。

☞**技巧及建议：**

1. 建议教师使用电子白板等可触屏。

2. 也可将 PPT 游戏推送到学生手机端，进行两人小组对话练习。

☞**PPT 设计说明：**

1. 页面元素重现餐厅实景，强化语境信息，提高对话学习效率。

2. 将不同菜品图片设置成热点触发器，点击可出现相应文本。

16. 捉迷藏找东西

考察要点：能识别日常生活中常见简短信息；掌握存在句。

技能训练：口语，阅读，听力。

水平：初、中级。

时间：5~10 分钟。

游戏页面设计(如图 5-58 所示)：

图 5-58 捉迷藏找东西

☞**活动过程：**

1. 教师随机挑选一名志愿者到台前进行游戏。

2. 学生首先要读出屏幕上的文字线索，如："衣服在床上""帽子在椅子后面""书在桌子下面"等，并据此点击相应物品，识认正确则会显示隐藏物品。

3. 教师计算该同学找到的物品总量并统计得分。

☞**技巧及建议：**

1. 教师可将文字信息隐藏，用读句子的方式提供寻物线索，学生听懂后选择对应物品。

2. 建议教师使用电子白板等可触屏。

☞**PPT 设计说明：**

1. 页面采用实景化设计，强化视觉信息输入。

2. 将目标物品本身设置成热点触发器，点击可移动位置。

17. 彩色笔

考察要点：能听懂基本数字和基本颜色词。

技能训练：听力。

水平：初、中级。

时间：3~5 分钟。

游戏页面设计（如图 5-59 所示）：

图 5-59　彩色笔

☞**活动过程：**

1. 随机挑选一名志愿者到台前进行游戏。

2. 教师播放页面录音，如："黄色""16""白色""79""绿色""101"，学生根据听到的信息点击对应色块或数字，并根据最后的数字信息选择终点对应的彩色笔。每次正确选择均会积 10 分。

3. 统计该同学最后得分。换第二位同学继续游戏。

☞**技巧及建议：**

本游戏的颜色和数字也可以替换成词语或图片，进行相应的汉字识认与词语听辨练习。

☞**PPT 设计说明：**

1. 页面进行表格化设计，信息展示明晰、有条理。

2. 将目标元素自身设置成热点触发器，点击可显示累计得分。

18. 密室寻宝

考察要点：能看懂普通的介绍性或说明性的文字；掌握一定的汉字构形知识。

技能训练：阅读。

水平：中、高级。

时间：5~10 分钟。

游戏页面设计（如图 5-60 所示）：

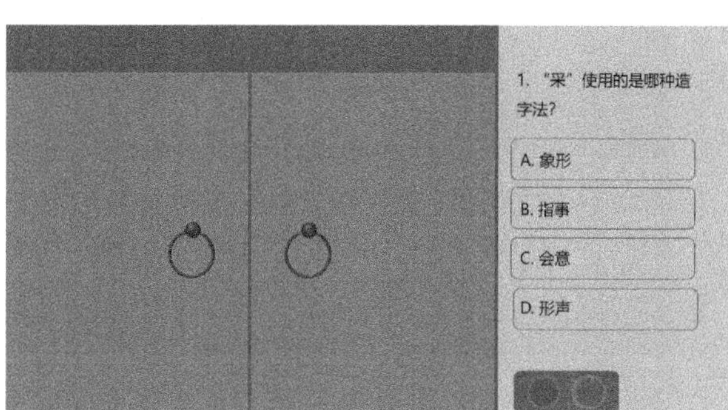

图 5-60　密室寻宝

☞**活动过程：**

1. 将学生分成 A、B 两组。

2. 每组每次选派一人到前台互动屏进行答题操作，每人答题 5 道。答题学生首先读出题目内容，并说出自己的答案，点击相应选项。每答对一道题便可打开一次密库之门，获取积分宝藏，并可进入下一关继续答题。答错一道则答题结束，换下一位同学继续。

3. 全部答完后，教师统计各小组累计得分，得分高的小组胜出。

☞**技巧及建议：**

本游戏可用于开展语言知识及文化知识类竞赛，教师可准备积分券作为奖励，激励学生积极答题。

☞**PPT 设计说明：**

将四个答题选项均设置成热点触发器。正确选项触发绿灯亮，大门打开，显示得分。错误选项触发红灯亮，游戏结束。

参考文献

一、论文

[1]陈宝国，徐慧卉．工作记忆容量的差异对第二语言句法歧义句加工的影响[J]．心理学报，2010(2)：185-192.
[2]崔永华．什么是好的语言课堂活动——汉语课堂教学策略探讨[J]．海外华文教育，2008(2)：1-6.
[3]丁安琪．关于日本本科留学生对汉语课堂活动有效性评价的分析——对外汉语课堂活动系列调查之四[J]．世界汉语教学，2007(1)：124-135+4.
[4]董明．大学英语课堂"生生互动"模式初探[J]．外语与外语教学，2004(5)：30-33.
[5]管新平．行为主义与认知理论语言观及其教学法[J]．外语研究，2005(4)：41-44+80.
[6]桂诗春．记忆和英语学习[J]．外语界，2003(3)：2-8+25.
[7]郭春彦．工作记忆：一个备受关注的研究领域[J]．心理科学进展，2007(1)：1-2.
[8]吉晖．新兴技术视域下的语言学习范式研究 [J]．江汉学术，2019(6)：111-119.
[9]姜丽萍．"任务—活动"型汉语课堂教学模式的构建[J]．语言教学与研究，2013(6)：1-8.
[10]姜孟．从社会文化理论透视二语习得[J]．英语研究，2012(3)：53-59.
[11]黎翠红，何旭，郭春彦．工作记忆训练的研究述评[J]．心理与行为研究，2014(3)：407-412.
[12]李华．从话语分析理论的发展看国内教师话语的研究[J]．外语界，2007(5)：83-90.
[13]李战子．从会话分析看英语口语课课堂活动[J]．外语界，1996(2)：18-25.

[14]吕良环．语言与内容相融合——国外外语教学改革趋势[J]．全球教育展望，2001(8)：52-58.
[15]秦丽莉，戴炜栋．二语习得社会文化理论框架下的“生态化”任务型语言教学研究[J]．外语与外语教学，2013(2)：41-47.
[16]曲方炳，殷融，钟元，叶浩生．语言理解中的动作知觉：基于具身认知的视角[J]．心理科学进展，2012(6)：834-842.
[17]束定芳．外语课堂教学新模式刍议[J]．外语界，2006(4)：21-29.
[18]王绍钦．对第二课堂活动定位的思考[J]．解放军外国语学院学报，2000(6)：70-72.
[19]王巍．对外汉语教学中的课堂活动设计[J]．教育理论与实践，2012(24)：55-57
[20]文秋芳．“产出导向法”与对外汉语教学[J]．世界汉语教学，2018(3)：387-400.
[21]吴康宁．课堂教学的社会学研究视角[J]．上海教育科研，1998(8)：11-16.
[22]武惠华．谈口语课课堂活动及课下练习的设计[J]．汉语学习，2002(5)：58-62.
[23]夏琼，林丹，钱秀莹．触动觉对词汇学习和回忆的作用[J]．应用心理学，2005(1)：27-32.
[24]徐飞．国内外课堂互动研究状况述评[J]．国外外语教学，2005(2)：57-65.
[25]徐锦芬，曹忠凯．不同结对模式对大学英语课堂生生互动影响的实证研究[J]．中国外语，2012(5)：67-77.
[26]叶浩生．具身认知：认知心理学的新取向[J]．心理科学进展，2010(5)：705-710.
[27]张德禄．多模态话语理论与媒体技术在外语教学中的应用[J]．外语教学，2009(4)：15-20.
[28]章远荣．非英语专业研究生学习焦虑与口语课堂活动研究[J]．山东外语教学，2002(5)：67-70.
[29]赵建群．故事法在英语语法教学中的运用[J]．山东师范大学外国语学院学报(基础英语教育)，2006(6)：45-49.
[30]赵蓉英，许丽敏．文献计量学发展演进与研究前沿的知识图谱探析[J]．中国图书馆学报，2010(5)：60-68.

[31]赵小沛．Swain 的输出假设及其对我国外语教学的启示[J]．安徽大学学报，2003(4)：74-78.

[32]周星，周韵．大学英语课堂教师话语的调查与分析[J]．外语教学与研究，2002(1)：59-68.

[33]朱永生．多模态话语分析的理论基础与研究方法[J]．外语学刊，2007(5)：82-86.

[34]祖晓梅．汉语课堂的师生互动模式与第二语言习得[J]．语言教学与研究，2009(1)：25-32.

[35]Ajayi，L. How teachers deploy multimodal textbooks to enhance English language learning[J]. TESOL Journal，2012(1)：16-35.

[36]Allen，D. Relative second language proficiency and the giving and receiving of written peer feedback[J]. System，2016 (56)：96-106.

[37]Berho，D. L. Communication，Culture，and Curiosity：Using Target-Culture and Student-Generated Art in the Second Language Classroom [J]. Foreign Language Annals，2005(2)：271-276.

[38]Castaneda，D. Motivational and affective engagement in learning Spanish with a mobile application[J]. System，2019(81)：90-99.

[39]Donato，R. Collective scaffolding in second language learning[A]. In J. P. Lantolf(Eds.)，Vygotskian approaches to second language research [C]. Norwood，NY：Ablex Press，1994：33-56.

[40]Fernandez，D. A. Collaborative writing in pairs and small groups：Learners' attitudes and perceptions[J]. System，2013(2)：365-378.

[41]Heller，M. A. Visual and tactual texture perception：Intersensory cooperation [J]. Perception&Psychophysics，1982(4)：339-344

[42]Hirotani，M. The Development of L2 Japanese Self-Introductions in an Asynchronous Computer-Mediated Language Exchange [J]. Foreign Language Annals，2013(3)：469-490.

[43]Joel，W. The Classroom Dynamics Of Information Gap Activities[J]. Foreign Language Annals，1996 (3)：481-495.

[44]Kessler，G. Technology and the future of language teaching[J]. Foreign Language Annals，2018 (1)：205-218.

[45]Klein，L. Auto- évaluation：Daily Self-Assessment in the FSL Classroom[J]. The Canadian Modern Language Review，2007 (1)：181-199.

[46]Lee, L. Enhancing Learners' Communication Skills through Synchronous Electronic Interaction and Task-Based Instruction[J]. Foreign Language Annals, 2002 (1): 16-24.

[47]Leppanen, S. Learning English Through Social Interaction: The Case of Big Brother 2006, Finland [J]. The Modern Language Journal, 2013 (2): 340-359.

[48]Li, Guofang. The more technology the better? A comparison of teacher-student interaction in high and low technology use elementary EFL classrooms in China [J]. System, 2019(84): 24-40.

[49]Lomicka, L. A tale of tweets: Analyzing microblogging among language learners[J]. System, 2012(1): 48-63.

[50]Long, M. H. Native speaker/non-native speaker conversation in the second language classroom[A]. In M. Clarke & J. Handscombe(eds.). On TESOL' 82: Pacific Perspectives on Language Learning and Teaching [C]. Washington, D. C.: TESOL, 1983: 94-120.

[51]Majlesi Ali. Instructed Vision: Navigating Grammatical Rules by Using Landmarks for Linguistic Structures in Corrective Feedback Sequences[J]. The Modern Language Journal, 2018(102): 11-29.

[52]Morell, T. Multimodal competence and effective interactive lecturing[J]. System, 2018(77): 70-79.

[53]Mullan, K. Taking French interactional style into the classroom[J]. System, 2015(48): 35-47.

[54]Pekarek Doehler, S. Conceptual changes and methodological challenges: On language, learning and documenting learning in conversation analytic SLA research[A]. In P. Seedhouse, S. Walsh, & C. Jenks (Eds.), Conceptualising learning in applied linguistics [C]. Basingstoke: Palgrave Macmillan, 2010: 105-126.

[55]Pereira, K. Effects of Community Service-Learning on Heritage Language Learners' Attitudes Toward Their Language and Culture[J]. Foreign Language Annals, 2017(1): 71-83.

[56]Piirainen, M. A. & Liisa Tainio. Other-Repetition as a Resource for Participation in the Activity of Playing a Video Game [J]. The Modern Language Journal, 2009(2): 153-169.

[57] Sert, O. Creating opportunities for L2 learning in a prediction activity [J]. System, 2017(70): 14-25.

[58] Shen, H. Active Learning: Qualitative Inquiries Into Vocabulary Instruction in Chinese L2 Classrooms [J]. Foreign Language Annals, 2015 (1): 82-99.

[59] Storch, N. Patterns of interaction in ESL pair work [J]. Language Learning, 2002(52): 119-158.

[60] Swain, M. Communicative Competence: Some Roles of Comprehensible Input and Comprehensible Output in Its Development [A]. In S. Gass& C. Madden (Eds.). Input in Second Language Acquisition [C]. Rowley, MA: Newbury House, 1985: 235-253.

[61] Swain, M. & Lapkin, S. Interaction and second language learning: Two adolescent French immersion students working together [J]. Modern Language Journal, 1998(82): 320-337.

[62] Swain, M. Three Functions of Output in Second Language Learning [A]. In G. Cook and B. Seidlhofer (Eds.). Principle and Practice in Applied Linguistics [C]. Shanghai: Oxford University Press/ Shanghai Foreign Language Education Press. 1995: 125-144.

[63] Thoms, J. Investigating the linguistic and pedagogical affordances of an L2 open reading environment via eComma: An exploratory study in a Chinese language course [J]. System, 2017 (69): 38-53.

[64] Tomita, Y. Form-focused instruction and learner investment in L2 communication [J]. The Modern Language Journal, 2013(3): 591-610.

[65] Wette, R. Teachers' practices in EAP writing instruction: Use of models and modeling [J]. System, 2014(42): 60-69.

[66] Wong, M. "Say What You Want ...": Rap Battles in a Technology-Enhanced Classroom [J]. The Canadian Modern Language Review, 2019(2): 169-182.

[67] Xiao, Yangyu. Formative assessment and self-regulated learning: How formative assessment supports students' self-regulation in English language learning [J]. System, 2019(81): 39-49.

二、专著

[1] 丁安琪，安然，肖潇．我的课堂活动设计笔记(语言技能篇) [M]．北京：高等教育出版社，2014.

[2]丁安琪，邓秀均，安然．我的课堂活动设计笔记(语言要素篇)[M]．北京：高等教育出版社，2015.
[3]丁安琪．我的课堂活动设计笔记(话题功能篇)[M]．北京：高等教育出版社，2012.
[4]国家汉办．国际汉语能力标准[M]．北京：外语教学与研究出版社，2007.
[5]姜丽萍，李俊芬．课堂活动设计指南[M]．北京：北京语言大学出版社，2014
[6]孔子学院总部，国家汉办．国际汉语教学通用课程大纲(修订版)[M]．北京：北京语言大学出版社，2014.
[7]库玛．超越教学法——语言教学的宏观策略[M]．北京：北京大学出版社，2013.
[8]李杰，陈超美．CiteSpace：科技文本挖掘及可视化[M]．北京：首都经济贸易大学出版社，2016.
[9]王牧群．交际英语课内外活动设计[M]．上海：上海外语教育出版社，2004.
[10]王巍，孙淇．国际汉语教师课堂技巧教学手册[M]．北京：高等教育出版社，2011.
[11]余国良，范海祥．英语口语教学活动设计[M]．北京：外语教学与研究出版社，2016.
[12]吴伟克．体演文化教学法[M]．武汉：湖北教育出版社，2010.
[13]吴中伟．当代中文(3)[M]．北京：华语教学出版社，2009.
[14]杨玉芳．心理语言学[M]．北京：科学出版社，2015.
[15]周健．汉语课堂教学技巧 325 例[M]．北京：商务印书馆，2009.
[16]周彦卓，舒一兵．游戏学中文[M]．北京：北京语言大学出版社，2010.
[17]Ben，G. Working with Images[M]．Cambridge：Cambridge University Press，2008.
[18]Jane，S. Using Authentic Video in the Language Classroom[M]．Cambridge：Cambridge University Press，2010
[19]Jeannine，D. Using the Board in the Language Classroom[M]．Cambridge：Cambridge University Press，2001.
[20]Krashen，S. The input hypothesis：issues and implications[M]．London：Longman Group Limited，1985：2-31.
[21]Penny Ur. Discussions that Work：Task-centred Fluency Practice[M]．Cam-

bridge: Cambridge University Press, 2012.

[22]Penny Ur. Grammar Practice Activities[M]. Cambridge: Cambridge University Press, 2009.

[23]Richards, J. C. &Rodgers, T. S. 语言教学的流派(第二版)[M]. 北京: 外语教学与研究出版社, 2008.

[24]Ruth G. & Stuart R. Working with Words: A Guide to Teaching and Learning Vocabulary[M]. Cambridge: Cambridge University Press, 1986.

[25]Seedhouse, P. The interactional architecture of the language classroom: A conversation analysis perspective[M]. Malden, MA: Blackwell, 2004.

[26]Vygotsky, L. Mind in Society: The Development of Higher Psychological Processes[M]. Cambridge: Harvard University Press, 1978.